Das neue große Vorlesebuch

DAS NEUE GROSSE VORLESE BUCH

Herausgegeben von
Nina Schiefelbein

Mit Bildern von
Daniela Kulot

Thienemann

Inhalt

Otfried Preußler
Frische Eier 11

Ursula Wölfel
Das blaue Wagilö 16

Thomas Brinx / Anja Kömmerling
Gute Nacht, Großer 24

Sigrid Heuck
Die Prinzessin vom gläsernen Turm 30

Hanna Jansen
Freund gesucht 41

Ulrike Kuckero
Vom Huhn, das verreisen wollte 47

Edith Schreiber-Wicke
Hörst du, was die Wörter sagen? 50

Hortense Ullrich
Wie Allyssa einen Hund bekam 57

Max Kruse
Urmel in der See 65

Elisabeth Zöller
Die Geschichte von der Pfütze 75

Angelika Glitz
Keine Zeit für Paula 77

Renate Ahrens-Kramer
Das Bild mit der Kuh 81

Milan
Ein Dorf mit Namen Orf 88

Ulrike Schultheis
Maximilian, das Gespensterkind 92

Sigrid Heuck
Pony, Bär und der große Frieden 98

Gabriele Beyerlein
Kathrin geht verloren 102

Edith Schreiber-Wicke
Anton und die B-Sprache 106

Bianka Minte-König
Hallo, Hix7! 109

Hortense Ullrich
Wie der Hund Lucky lesen lernte 114

Milan
Die Kreuzflöte und die Querflöte 120

Christamaria Fiedler
Die Geschichte vom kleinen Ausreden-Shop 124

Achim Bröger
Kleiner-Bär läuft um die Wette 131

Daniela Kulot
Tausche kleine Schwester gegen 137

Jo Pestum
Die Abenteuer-Kater 140

Ursula Wölfel
Drei winzige Geschichten 149

Gisela Kautz
Der erste Reiter 152

Irene Zimmermann
Micha hat sich gekracht 157

Manfred Schlüter
Eine lange Geschichte 166

Thomas Fuchs
Tilman, Kia und der Wunschstein 168

Edith Schreiber-Wicke
Der Neinrich 172

Ralf Isau
Der Junge, der das Nordlicht stahl 177

Elisabeth Zöller
Die Geschichte von der Wolke 188

Angelika Glitz
Heinz Hase sucht einen Schatz 190

Irmgard Lindner
Die Elfe und der Wollomolch 194

Milan
Die verrückte Eisenbahn 202

Ulrike Kuckero
Der blaue Reiter 207

Manfred Witte
Frau Beermanns Blumen 212

Hanna Jansen
Ein Bär so schwarz wie die Nacht 214

Thomas Brinx /Anja Kömmerling
Lilli in der Wanne 221

Hortense Ullrich
Wie Leandra fast einen
dreibeinigen Hamster bekam 227

Henning Pawel
Frau Holle und die Klöße 235

Edith Schreiber-Wicke
Das Geburtstagsgeschenk 238

Max Kruse
Eine musikalische Nacht 242

Petra Probst
Piccolino und die Angsthasen 248

Joachim Friedrich
Der klitzekleine Zauberer
und die wunderschöne Prinzessin 251

Sigrid Heuck
Der Troll 260

Jo Pestum
Der ganz besondere Hund 262

Quellenverzeichnis 266

Otfried Preußler

Frische Eier

Ich und mein Weib waren zu Verwandten aufs Dorf gegangen, Kindstaufe feiern.
Beim Abschied schenkten die guten Leute uns einen Korb Eier. Wir sagten nicht Nein und ich freute mich während des Heimweges schon auf die Berge von Eierkuchen, die Margaret davon backen würde.

Als ich jedoch darauf anspielte, fuhr sie mir über das Maul und entgegnete: »Eierkuchen? Die schlage dir aus dem Kopf, Jeremias! Dafür sind die schönen Eier zu schade!«

»Dann machen wir eben Rührei daraus«, schlug ich vor, »oder Spiegelei.«

»Nein!«, widersprach sie auch diesmal wieder mit aller Entschiedenheit, derer sie als geborene Hechelmann fähig war. »Wir werden die Eier nicht aufessen, sondern ich trage sie auf den Markt und verkaufe sie. Es sind sechzig Stück. Wir bekommen dafür eine Menge Geld, davon kaufe ich eine Henne.«

»Die schlachten wir!«, rief ich.

»Die schlachten wir *nicht*«, sagte meine Frau, »sie wird Eier legen.«

»Und diese Eier«, ergänzte ich, »schlagen wir in die Pfanne und braten sie!«

Margaret schüttelte heftig den Kopf. Sie war stehen geblieben und hatte den Korb mit den Eiern ins Gras gestellt. »Wir verkaufen auch sie wieder«, sagte sie, »schaffen uns von dem Geld, das sie einbringen, weitere Hühner an – und so fort. Wenn wir zwanzig bis dreißig im Stall haben, müssen auch Gänse und Enten her. Dann erweitern wir unser Geschäft auf den Handel mit Weihnachtsgänsen und Bettfedern. Damit verdient man im Handumdrehen viel Geld und wir leisten uns nun ein paar Schafe. Sie geben uns Wolle, die Wolle verkaufen wir ebenfalls. So kommt eines zum anderen: Ziegen und Schweine und Rinder. Bald werden wir reicher sein als ganz Schilda zusammen und jedermann sieht es und wundert sich.«

»Aber wir müssten dann freilich beizeiten anbauen«, wandte ich ein, »denn wo willst du die vielen Tiere sonst unterbringen?«

»Freilich, das müssen wir«, sagte mein liebes Weib, »und wir müssen auch Knechte und Mägde einstellen. Aber dann sind wir ja reiche Leute und können getrost die paar Pfennige dafür ausgeben.«

»Margaret!«, rief ich. »Dem Himmel sei Dank, dass du meine Frau bist! Mir wird von der Aussicht auf so viel Reichtum ganz schwindelig! Sei mir nicht böse – ich muss mich ein wenig hinsetzen ...«

»Setze dich!«, meinte sie lachend. »Nur setze dich möglichst nicht in den Eierkorb!«

Auch sie ließ sich neben mir auf den Rasen nieder, der Korb

mit den Eiern stand zwischen uns und wir schmiedeten Pläne. Margaret schwärmte von schönen Kleidern und kostbaren Pelzen, die sie sich leisten würde; ich aber sah mich im Geist schon als großen Wohltäter meiner Vaterstadt, der ich von unserem vielen Geld eine neue Glocke zu stiften gedachte, nebst manchem anderen.

Da wir jedoch mit der Rathausglocke und allen Versuchen, dafür Ersatz zu schaffen, bereits so viel Unglück erlebt hatten, seufzte ich: »Hoffentlich stellt uns der Teufel nicht wieder ein Bein, liebe Margaret!«

Sie verlachte mich aber und fragte: »Wie sollte er?«

Ich entgegnete, dass ja der Teufel sehr schlau sei. Wir müssten also auf alles gefasst sein.

»Zum Beispiel?«, verlangte mein Weib zu wissen.

»Zum Beispiel«, sagte ich, »könnte es sein, dass die Eier im Korb schon verdorben sind. Und was dann?«

»Die sind frisch!«

»Woher weißt du das? Kannst du es ihnen von außen ansehen?«

Margaret, statt zu antworten, griff in den Korb, nahm ein Ei heraus und zerbrach es. Dann ließ sie mich daran riechen.

»Das ist der Beweis dafür«, rief sie, »dass meine Verwandtschaft uns keine verdorbenen Eier schenkt!«

»Margaret«, wandte ich ein, »dieses Ei ist nur eines von sechzig. Bedenke das!«

»Aber die anderen neunundfünfzig«, versicherte meine Frau, »sind genauso frisch! Überzeuge dich selbst davon, wenn du zweifelst!«

Sie schüttete kurz entschlossen die Eier ins Gras. Dann

begannen wir eins nach dem anderen aufzuschlagen. Wir rochen daran und es zeigte sich, dass nicht ein einziges schlecht war.

»Jetzt wissen wir wenigstens, dass du sie guten Gewissens verkaufen kannst«, sagte ich. »Das war klug von uns. Nun steht dem Reichwerden nichts mehr im Wege!«

Wir legten die aufgeschlagenen Eier behutsam zurück in den Korb, alle sechzig, bedeckten sie wieder mit Stroh und dann eilten wir heimzu. Es dunkelte schon und wir mussten uns sehr in Acht nehmen, dass wir nicht stolperten.

Als wir zu Hause ankamen, schlugen wir Licht. Da bemerkten wir, dass meine Sonntagshose von oben bis unten mit Eigelb bekleckert war. Margarets Rock und die gute Schürze sahen nicht besser aus.

Eine furchtbare Ahnung befiel uns.

Wir lupften den Deckel des Eierkorbs. Du lieber Himmel! Ein einziger zäher Brei kam darunter zum Vorschein, ein klebriger Mischmasch, bestehend aus Strohhalmen, Eierschalen, Eiweiß und Dotter!

»Ach, Margaret, Margaret«, sagte ich traurig, »ich fürchte, wir haben uns wieder einmal zu früh gefreut!«

Dann begruben wir unsere Zukunftspläne für diesmal, indem wir den Korb mit den Überresten der sechzig Eier an einen gewissen verschwiegenen Ort trugen, den ich aus Anstandsgründen nicht näher bezeichnen will.

Ursula Wölfel

Das blaue Wagilö

In Afrika, im weiten Steppenland, da leben diese grauen Warzenschweine. Sie wühlen mit den Zähnen in der Erde und fressen Gras und graben Wurzeln aus, und wenn sie satt sind, liegen sie im Schlammloch und abends laufen sie zum Teich und trinken.

Nur eins von diesen grauen Warzenschweinen will immer ganz allein sein Futter suchen. Es findet alle andern Warzenschweine hässlich. Zu denen will es nicht gehören.

Es weiß noch gar nicht, dieses Warzenschwein, dass es genau so aussieht wie die andern, so dick und grau wie alle Warzenschweine. Es schreit, wenn sie in seine Nähe kommen, und stößt nach ihnen mit den langen Zähnen. Es liegt allein in einem kleinen Schlammloch und morgens läuft es ganz allein zum Teich. Es will nicht mit den andern Wasser trinken. Sie sollen ihm den Teich nicht schmutzig machen.

Doch einmal ist der Teich so still und klar, dass sich das Warzenschwein im Wasser spiegelt. Da sieht es nun zum ersten Mal sich selbst! Es merkt, dass es so aussieht wie die andern, so dick und grau wie alle Warzenschweine. Und große Warzen hat es im Gesicht!

Das blaue Wagilö

Zuerst erschrickt es und dann schreit es laut und stampft so wild und wütend mit den Füßen, dass alle Vögel aus den Nestern flattern.

Dann weint das arme Tier zwei große Tränen.

Im Wasser schwimmen viele bunte Fische. Der größte ist so blau wie Himmelsbläue und seine Schuppen blitzen in der Sonne.

Da denkt das Warzenschwein: Wie schön er ist! Und ich bin überall so grau und hässlich! Ach, wäre ich so blau wie dieser Fisch!

Es läuft zurück zu seinem kleinen Schlammloch und mag den ganzen langen Tag nichts fressen. Es denkt nur immer an den blauen Fisch. Es möchte einmal auch ein schönes Tier sein, kein Warzenschwein mehr.

Traurig schläft es ein.

Und morgens, als es wach wird, ist es blau, ganz blau ist es geworden, überall!

Das Warzenschwein ist sehr vergnügt und stolz und rennt so schnell es kann hinaus ins Buschland. Nun sollen alle andern Tiere sehen, wie schön dies Warzenschwein geworden ist!

Im Buschland draußen trifft es die Giraffen. Sie fressen grüne Blätter von den Bäumen. Was will das blaue Warzenschwein da unten? Es quiekt und grunzt und scharrt mit seinen Füßen. Doch die Giraffen fressen einfach weiter.

Da denkt das Warzenschwein: Wie schön sie sind! Wie stolz sie aussehen mit den langen Hälsen! Und ich muss überall so kurz und dick sein. Ach, hätte ich doch einen langen Hals!

Es läuft zurück zum kleinen schwarzen Schlammloch und denkt den ganzen Tag an die Giraffen. Dann schläft es ein.

Und morgens, als es wach wird, da hat es wirklich einen langen Hals, da hat es einen Hals wie die Giraffen!

Das Warzenschwein ist sehr vergnügt und stolz und rennt so schnell es kann hinaus ins Grasland.

Ein Löwe lauert da im hohen Gras und seine Mähne schimmert in der Sonne.

Das Warzenschwein erschrickt und rennt schnell weg. Es denkt: Wie schön und stark der Löwe ist! Wie prächtig sieht er aus mit seiner Mähne! Und ich bin nackt und habe gar kein Fell. Ach, hätte ich doch eine Löwenmähne!

Es läuft zurück zum kleinen schwarzen Schlammloch und denkt den ganzen Tag an den Löwen. Dann schläft es ein.

Und morgens, als es wach wird, da hat es wirklich eine Löwenmähne!

Das Warzenschwein ist sehr vergnügt und stolz und rennt so schnell es kann zu allen Tieren am Fluss und überall im weiten Steppenland, damit sie jetzt doch endlich alle sehen, wie schön das Warzenschwein geworden ist. Doch alle Tiere laufen vor ihm weg. Sie fürchten sich vor seiner Löwenmähne. Die Affen kreischen und das Nashorn brüllt, das Krokodil schlägt wütend mit dem Schwanz und alle Vögel schreien aufgeregt: »Was bist du für ein Tier? Sag deinen Namen! Was bist du für ein Tier? Sag deinen Namen!«

Was soll das blaue Warzenschwein da sagen? Es denkt: Ich bin doch jetzt ein neues Tier, mit dieser wunderbaren blauen Farbe, mit diesem langen Hals und dieser Mähne! Ich muss jetzt einen neuen Namen haben.

Es läuft zurück zu seinem schwarzen Schlammloch und denkt den ganzen Tag darüber nach. Es denkt: Was bin ich jetzt? Wie soll ich heißen? Die Tiere haben alle schöne Namen. Sie heißen Löwe oder Antilope, Giraffe, Perlhuhn oder Schmetterling. Nur ich hab keinen eignen Namen mehr, ich armes Tier! Und niemand kann mich rufen! Ich laufe weg, ich will die Menschen fragen. Die klugen Menschen wissen alle Namen.

Es macht sich also auf den Weg zur Stadt. Es wandert durch das Buschland und das Grasland, und wo das Grasland aufhört, ist die Wüste.

Die Wüste ist ganz leer und riesengroß.

Da gibt es überall nur Sand und Steine, nur Disteln wachsen da und Stachelpflanzen, kein frisches Gras und keine guten Wurzeln. Da gibt es nirgendwo ein kühles Schlammloch und keinen Teich mit Wasser, nur die Wüste. Die Sonne brennt, der Sand ist heiß und steinig.

Das blaue Warzenschwein kann kaum noch laufen.

Da rennt der Vogel Strauß an ihm vorbei.

Gleich denkt das Warzenschwein: Wie schön er ist! Wie schnell er laufen kann, der Vogel Strauß! Und ich mit meinen kurzen Schweinebeinen, ich bleibe hier im tiefen Sand noch stecken! Ach, hätte ich doch solche Vogelbeine!

Es legt sich in ein heißes Wüstensandloch und schläft gleich ein.

Und morgens, als es wach wird, da hat es wirklich hohe Vogelbeine, da hat es Beine wie der Vogel Strauß!

Das Warzenschwein ist wieder sehr vergnügt. Schon rennt es los und kommt auch bald zur Stadt.

Dort laufen alle Leute auf die Straße. Sie haben solch ein Tier noch nie gesehen. »Ein Wundertier!«, ruft einer. »Ich hab Angst! Ein blaues Warzenschwein mit Straußenbeinen. Wer weiß, ob das nicht großes Unglück bringt?«

Da schreit das Tier vor Wut und will ihn beißen.

»Du bist verrückt!«, ruft eine Frau. »Ich sage: Dein Wundertier ist eine Blaugiraffe!«

Ein Junge ruft: »Es ist ein blauer Löwe!«

Da laufen viele Leute weg vor Angst und keiner hilft dem armen blauen Tier und sagt ihm endlich, wie es heißen soll.

Plötzlich ruft das Mädchen mit dem roten Kleid: »Ein Wagilö, ein blaues Wagilö!«

Da tanzt das Tier! Es reckt den langen Hals und schüttelt seine schöne Löwenmähne und hebt die hohen Straußenbeine und hüpft und springt und tanzt, so glücklich ist es!

Und alle Leute klatschen in die Hände und alle Kinder rufen: »Weiter! Weiter!«

Es tanzt und tanzt und wird davon so müde, dass seine Beine nicht mehr tanzen können, und mitten auf der Straße schläft es ein.

Es schläft zu fest, denn morgens, als es wach wird, da sitzt das arme Wagilö im Käfig. Die Leute haben es hineingeschleppt, sie haben es gefangen, als es schlief. Am Käfig hängt ein Schild mit seinem Namen. Sie haben ihm auch Wasser hingestellt und einen Brocken Fleisch dazugelegt, auch gute süße Wurzeln und Salat.

Das Wagilö mag gar nichts davon fressen.

Die Leute stehen draußen vor dem Gitter und auch das Mädchen mit dem roten Kleid ist wieder da.

Die Kinder rufen: »Liebes Wagilö! Du schönes Tanztier, bitte tanz doch wieder!«

Wie soll es hier im engen Käfig tanzen? Wie soll es tanzen, wenn es traurig ist?

Das Wagilö sitzt in der Käfigecke und sieht die Vögel durch den Himmel fliegen. Es denkt: Wie schön und frei sie fliegen können! Und ich muss hier im engen Käfig sitzen. Ach, hätte ich doch Flügel wie die Vögel!

Es denkt den ganzen Tag nur an die Vögel, es frisst nicht und es trinkt nicht und es tanzt nicht. Dann schläft es ein.

Und morgens, als es wach wird, da hat es wirklich große blaue Flügel. Das Wagilö kann fliegen! Es ist frei.

Die vielen guten Sachen aus dem Käfig, die möchte es den andern Tieren schenken, die nimmt es mit: die Wurzeln und das Fleisch und den Salat und auch den Wassernapf.

So fliegt es fröhlich aus dem Käfig fort!

Es wirft dem Mädchen mit dem roten Kleid zwei große blaue Federn in den Garten, von jedem schönen neuen Flügel eine. Es will sich doch bedanken für den Namen.

Das Mädchen sieht die Federn auf dem Weg und steckt sie sich ins Haar und freut sich sehr.

Das Wagilö fliegt weiter bis zur Wüste und schenkt dem Vogel Strauß den Wassernapf.

Vor Freude hüpft der Strauß im Sand umher. Jetzt kann er Tau und Regentropfen sammeln!

Das Wagilö fliegt weiter, immer weiter.

Es wirft den Brocken Fleisch dem Löwen zu. Der frisst es auf und winkt mit seinem Schwanz.

Das Wagilö fliegt weiter übers Buschland.

Am Abend sieht es endlich die Giraffen. In einem hohen Baum versteckt es den Salat.

Die zarten Blätter schmecken den Giraffen. Sie schwenken ihre Hälse hin und her, damit man sieht, wie sie sich alle freuen.

So fliegt das Wagilö den ganzen Tag und fliegt die ganze Nacht.

Und morgens, als die Sonne wieder scheint, da sieht es unten schon das Steppenland. Es sieht den Teich und sieht den blauen Fisch und auch das große und das kleine Schlammloch und alle andern Warzenschweine sieht es.

Die Wurzeln wirft es in das große Schlammloch, da wundern sich die andern Warzenschweine, dass heute Wurzeln von den Bäumen fallen. Sie quieken und sie schmatzen vor Vergnügen.

Das Wagilö sieht ihnen zu und denkt: Wie lustig sind sie alle. Ach, und ich? Es gibt kein anderes Wagilö, nur mich. Und nie und nie mehr kann ich armes Tier in einem kühlen schwarzen Schlammloch liegen, mit meinen Flügeln und den Straußenbeinen.

Es sitzt allein auf einem Baum und denkt: Ach, wäre ich ein Warzenschwein geblieben!

Dann schläft es ein und am Morgen, als es wach wird, da ist es wieder grau und dick wie früher!

Es weckt sofort die andern Warzenschweine und alle quieken sie es freundlich an.

Dann laufen sie zusammen an den Teich und wühlen miteinander in der Erde und liegen alle faul im großen Schlammloch.

Da denkt das Warzenschwein, das gestern noch ein blaues Wagilö gewesen ist: Es ist nicht wahr, dass alle Warzenschweine wie alle andern Warzenschweine sind, nur dick und grau. Ich war doch wirklich dumm! Das eine hat ein Löckchen hinterm Ohr, und eins hat einen feinen Pinselschwanz, und eins kann besser wühlen als wir andern, und eins kann lauter quieken als wir andern, und eins kann schneller rennen als wir andern, und eins kann schöner grunzen! Ja, und ich? Und ich kann tanzen!

Es tanzt vor Freude und der Mond geht auf. Da tanzt es um das große schwarze Schlammloch und alle andern Warzenschweine tanzen mit!

Thomas Brinx / Anja Kömmerling

Gute Nacht, Großer!

Jackel hatte genau eine Lieblingsgeschichte in dem dicken Buch, aus dem sein Vater ihm jeden Abend vorlas. Er wusste nicht, warum, aber er wollte nur diese eine Geschichte hören, vielleicht weil er bei der besonders gut einschlafen konnte.

Sein Vater jammerte schon immer: »Oh, nein, Jackel, nicht schon wieder!«, aber dann las er sie doch, weil Jackel so gerne wollte. Seine Mutter war Krankenschwester und arbeitete nachts, deswegen musste sein Vater die Sache mit dem Jackel-ins-Bett-Bringen übernehmen und immer wieder dieselbe Geschichte vorlesen.

Aber heute hatte Jackel eine Überraschung für seinen Vater. Seit einiger Zeit ging er nämlich in die Schule und dort lernte er lesen. Er setzte sich in den Stuhl, in dem Papa normalerweise saß, nahm das dicke Buch und grinste. »Leg dich hin, Großer«, sagte er, wie sein Vater es immer tat, nur der sagte natürlich *Kleiner*. »Heute lese ich dir meine Lieblingsgeschichte vor!«

Da war Jackels Vater natürlich ziemlich baff, aber er legte sich brav auf Jackels Bett, faltete die Hände auf dem Bauch und sagte: »Na, da bin ich jetzt aber mal gespannt!«

Jackel machte das große Licht aus, sodass nur noch der Schein der kleinen Leselampe das Buch beleuchtete, und fing feierlich an zu lesen. Natürlich konnte er es noch nicht so schnell wie sein Vater, aber er setzte geduldig die Buchstaben zusammen und ganz so schwer war es nicht, weil er die Geschichte ja schon beinahe auswendig kannte.

Jackel war ganz vertieft und schaute erst wieder auf, als er fertig gelesen hatte. Da lag sein Vater auf dem Bett und schlief tief und fest. Das kannte Jackel schon, das ging ihm bei der Geschichte schließlich auch immer so.

Leise stand er auf, deckte seinen Vater vorsichtig zu und gab ihm ein Gute-Nacht-Küsschen auf die Wange. »Schlaf gut, Großer!«, flüsterte er und verließ auf leisen Sohlen das Zimmer. Die Tür ließ er einen Spalt offen, damit sein Vater keine Angst hatte, wenn er aufwachen sollte, und nach ihm rufen konnte.

Dann ging er ins Wohnzimmer und überlegte. Was machte sein Vater wohl, während er abends auf Mama wartete und Jackel schlief? Einmal, als er nicht schlafen konnte, hatte Jackel ihn am Schreibtisch erwischt beim Arbeiten. Also: arbeiten.

Jackel ging zum Schreibtisch seines Vaters, kletterte auf den hohen Drehstuhl, drehte sich viermal in die eine und viermal in die andere Richtung und setzte sich dann Papas Brille auf. Jetzt konnte er nichts mehr sehen, alles war verschwommen. Aber das musste wohl so sein beim Arbeiten, sonst würde Jackels Vater ja nicht immer die Brille aufsetzen.

Jackel nahm sich den dicken Füller und schrieb mit großen Buchstaben auf alle Papiere, die da herumlagen, »Arbeiten – Arbeiten – Arbeiten«.

Manchmal waren die Papiere ganz voll mit Papas Notizen, aber Jackel fand immer noch ein Plätzchen für sein Wort »Arbeiten«. Und wenn nicht, dann schrieb er es einfach quer drüber.

Als er alle Papiere durchhatte, war er fertig mit Arbeiten und hatte auf einmal großen Hunger.

»Arbeiten macht Appetit«, sagte er, weil das sein Vater auch immer behauptete, sprang vom Stuhl und ging in die Küche. Es war gar nicht so einfach, die Tür zu finden, weil alles so verschwommen war. Aber Jackel schielte einfach über den Brillenrand und dann ging es ganz gut mit dem Sehen.

Der Kühlschrank war voll gepackt mit leckeren Sachen und Jackel nahm alles heraus, was sein Vater gerne aß: Essiggurken und Hähnchenbrustscheiben mit extrascharfem Senf, dazu Knoblaucholiven und Peperoni. Er stellte es auf den Tisch und summte dazu die Melodie, die sein Vater auch immer summte, wenn er sich auf sein Essen freute. Dann holte er sich aber auch noch schnell die vier Portionen Schokoladenpudding dazu, obwohl das eigentlich eher sein Lieblingsessen war. Und nachdem er von dem scharfen Senf und den Knoblaucholiven probiert hatte, beschloss er doch überhaupt lieber nur den Schokopudding zu essen. Papas Essen war ja ungenießbar. Der Arme!

Jetzt war Jackel richtig satt, nahm die Brille ab, und während er so in der Küche saß und satt war, überlegte er, was sein Vater wohl sonst noch so machen könnte, außer arbeiten und essen.

Da entdeckte er die Zeitung auf dem Fensterbrett. »Mal sehen, was es Neues gibt«, sagte Jackel wie sein Vater immer, faltete die Zeitung auf dem Küchenboden auseinander und begann zu lesen. Aber das war gar nicht so einfach, da standen lauter komische, ewig lange Wörter drin. Jackel hatte solche Wörter noch nie gehört und schon gar nicht gelesen. Also beschloss er, dass er genug Neues erfahren hatte, und ging zurück ins Wohnzimmer.

Was hatte sein Vater gesagt, bevor er eingeschlafen war? »Wenn du schläfst, dann streiche ich endlich den Türrahmen! Da wird Mama Augen machen!«

Aber jetzt schlief Papa und nicht Jackel und deswegen konnte er den Türrahmen nicht streichen und Mama würde keine Augen machen.

Von wegen!

Jackel sauste in die Abstellkammer und wühlte alles so lange durch, bis er den Farbtopf und einen alten, steinharten Pinsel gefunden hatte. Den hielt er so lange unters Wasser, bis er ein bisschen weicher war. Der Farbtopf ging ganz leicht auf, weil Papa ihn das letzte Mal nicht richtig zugemacht hatte.

Jackel überlegte, welchen Türrahmen sein Vater wohl gemeint haben könnte, aber das wusste er nicht, also musste er zwischen dem Küchentürrahmen und dem Wohnzimmertürrahmen auszählen. »Ick, ack, eck, und du bist weg.« Der Wohnzimmertürrahmen hatte gewonnen.

Sofort machte Jackel sich an die Arbeit. Die Farbe war wunderschön dunkelblau und hätte eigentlich besser zur Küchentür gepasst, weil die auch blau war, fand Jackel, aber die hatte er ja nicht ausgezählt. Und so leuchtete der Wohnzimmertürrahmen schon bald in tiefem Blau zur roten Tür.

Einmal malte Jackel ein bisschen daneben, und damit Mama das nicht sah, malte er eine große Wolke darüber, eine schöne blaue Wolke neben dem fast überall blauen Türrahmen zu der roten Tür.

Jackel war sehr zufrieden, aber plötzlich auch sehr müde. Er beschloss noch einmal nach dem Großen zu gucken, ob er auch schlief.

Sein Vater hatte sich schön unter der Decke zusammengekuschelt und schnarchte leise.

Jackel ging ins Schlafzimmer seiner Eltern und legte sich auf die Seite des großen Bettes, auf der sein Vater sonst immer schlief. Schließlich konnte er doch genauso gut im Liegen auf Mama warten. Er gähnte und merkte plötzlich, dass seine Finger ganz blau waren und ein bisschen auch die Bettdecke von Papa. Vielleicht hätte er sich die Hände waschen sollen?

Morgen, dachte Jackel noch und wollte gerade überlegen, was er dann alles tun würde, wenn der Große im Bett war, da schlief er ein.

Sigrid Heuck

Die Prinzessin vom gläsernen Turm

Es war einmal ein kleines Mädchen, das hieß – ja, wie hieß es denn eigentlich? Genau genommen erinnerte sich niemand daran, denn seine Eltern und alle anderen Leute, die es kannten, riefen es immer nur »Prinzessin«.

Dieses Mädchen lebte in einem Wolkenkratzer, der im Volksmund »Gläserner Turm« genannt wurde, weil seine Fassade fast nur aus Fenstern bestand.

Die Prinzessin vom gläsernen Turm schlief im achtunddreißigsten Stock. Im neununddreißigsten hielt sie sich auf, wenn es kalt war oder regnete, und im vierzigsten, wenn die Sonne schien. Das vierzigste Stockwerk war nämlich das Dach. Dort befand sich ein herrlicher Garten. Blumen wuchsen da, Kohlköpfe, Grasbüschel und in den Ecken auch etwas Unkraut. Das Allerschönste in dem Garten war ein riesiger Baum. Sein Stamm war so dick, dass die Prinzessin ihn nicht umarmen konnte. Rundherum ragten die Äste weit über den Stamm hinaus und die Blätter an seinen Zweigen wuchsen so dicht neben- und übereinander, dass ein Regentropfen nur selten den Boden erreichte. In seiner Krone ruhten sich viele Zugvögel aus, wenn sie müde waren.

Die Prinzessin vom gläsernen Turm war viel allein. Sie hatte keine Geschwister, und weil sie so hoch oben wohnte, auch keine Freunde. Ihre Eltern hatten nur wenig Zeit, um mit ihr zu spielen, denn tagsüber telefonierten sie viel und abends sahen sie fern.

Das war der Grund, warum sich ihre kleine Tochter oft einsam fühlte. Sie hockte sich dann in den Schatten des großen Baumes und las. Am liebsten las sie dicke Märchenbücher. Da kamen Elfen drin vor und Feen, Zwerge, Zauberer, Wasserfrauen, Riesen und Hexen.

Eines Tages, als sie wieder einmal auf der Bank in ihrem Garten saß, seufzte sie halblaut: »Ach, wenn ich doch einmal selbst eine Elfe oder eine Nixe sein könnte! Eine Fee oder ein Riese täten's auch. Am liebsten würde ich selbst ein wenig zaubern!«

Das hörte ein Zaubervogel, der sich gerade auf einem Ast niedergelassen hatte. »Diesen Wunsch kann ich dir erfüllen«, zwitscherte er.

Die Prinzessin verstand seine Worte, denn sie gehörte zu den wenigen überdurchschnittlich begabten Menschenkindern, die die Zaubervogelsprache beherrschen.

»Mach dich bloß nicht lustig über mich!«, rief sie entrüstet. »Und versprich nichts, was du nicht halten kannst.«

»Das geht ganz einfach«, sagte der Vogel. »Du brauchst nur einen Zauberstab dazu.«

»Einen Zauberstab?«, rief die Prinzessin verwundert. »Wo soll ich den denn hernehmen?«

»Aber du hast ja schon einen, weißt du das nicht?«

»Woher soll ich das wissen?«

»Dann lauf mal schnell in die Küche und hol dir den großen Kochlöffel! Den mit dem Loch in der Mitte.«

»Der soll ein Zauberstab sein?«, rief die kleine Prinzessin verwundert und rannte, so schnell sie konnte, davon, um den Kochlöffel zu holen.

»Das ist er«, sagte der Vogel. »Jetzt musst du noch einen Spruch auswendig lernen, dann kann's losgehen!« Er zwitscherte ihr den Zauberspruch so lange vor, bis sie ihn auswendig gelernt hatte:

Lirum, larum, Löffelstiel.
Alte Damen essen viel.
Junge müssen fasten.
Komm aus deinem Kasten!
Mach, was ich dir sage,
ohne eine Frage!

Und anschließend, versicherte ihr der Vogel, könnte sie sich wünschen, was sie wollte. Entweder: Mach mich zu einem Zwerg, oder: Mach mich zu einem Riesen, oder was ihr sonst noch einfiel. Sie konnte ihm aber auch befehlen sie irgendwohin zu bringen oder irgendetwas herzuzaubern.

»Oh, vielen Dank, Zaubervogel!«, rief das kleine Mädchen glücklich. Doch der Zaubervogel war schon davongeflattert.

Da begann sich die Prinzessin vom gläsernen Turm zu überlegen, was sie sich wünschen könnte. Erst mal runter in die Stadt und einen Freund suchen, dachte sie, denn zu zweit fällt uns mehr ein. Sie setzte sich auf den Kochlöffel und rief laut:

Die Prinzessin vom gläsernen Turm

Lirum, larum, Löffelstiel.
Alte Damen essen viel.
Junge müssen fasten.
Komm aus deinem Kasten!
Mach, was ich dir sage,
ohne eine Frage:
Trag mich in die Stadt hinunter!

Da erhob sich der Kochlöffel mit ihr und schwebte vom vierzigsten Stock hinunter auf die Straße.

Auf einmal hasteten viele Fußgänger um sie herum, Autos hupten, Bremsen kreischten und irgendwo trillerte jemand auf einer Pfeife.

Zuerst steckte sich die Prinzessin vom gläsernen Turm den Kochlöffel in den Hosenbund, so, wie es in vielen Ritterfilmen die Ritter mit ihren Schwertern machten. Dann sah sie sich um und blieb verwirrt und ängstlich stehen. Sie machte ein paar Schritte vorwärts, prallte mit jemandem zusammen, stolperte und wäre beinahe hingefallen.

»Pass doch auf«, rief ein Junge entrüstet. »Du stehst mir im Weg!«

»Wie redest du mit einer Prinzessin«, entgegnete ihm das kleine Mädchen.

»Du, eine Prinzessin! Dass ich nicht lache! Wenn du das wirklich bist, dann zeig mir dein Schloss!«

»Nichts leichter als das«, erklärte ihm die Prinzessin vom gläsernen Turm und sah sich um. »Dort ist ein Park, und wo ein Park ist, ist sicher auch ein Spielplatz mit einem Sandkasten. Läufst du um die Wette mit mir?«

So schnell sie konnten, rannten sie los und kamen zur gleichen Zeit vor dem Sandkasten an.

»Ich war Erster!«, brüllte der Junge stolz.

»Du irrst dich«, erwiderte das Mädchen. »Ich war schon vor dir da!«

»Nein, ich!«

»Nein, ich!«

So ging es eine Weile hin und her, bis es der Prinzessin zu dumm wurde. »Ich dachte, du wolltest mein Schloss sehen?«, erinnerte sie den Jungen an seinen Wunsch.

»Ja, ja, aber ich sehe hier nirgends ein Schloss!«

»Hach, bist du ungeduldig. Hol mir lieber ein Eimerchen voll Wasser!«

Mit dem Wasser, das der Junge ihr brachte, befeuchtete die Prinzessin den Sand, knetete ihn mit den Händen und begann einen hohen Turm zu bauen, ein großes und ein kleines Haus und drum herum eine dicke Mauer.

Zuerst sah ihr der Junge nur zu, später half er ihr dabei.

»Dann ist dein Schloss nur aus Sand«, stellte er enttäuscht fest. »Ich hab gedacht, es sei eines, in das man hineingehen kann.«

»Wart's ab!«, ermahnte ihn die Prinzessin. Dann nahm sie ihren Kochlöffel in die Hand, schwenkte ihn über dem Sandschloss und rief:

Lirum, larum, Löffelstiel!
Alte Damen essen viel.
Junge müssen fasten.
Komm aus deinem Kasten!

Mach, was ich dir sage,
ohne eine Frage!

Und sie fügte hinzu: »Verwandle diese Sandburg in ein echtes großes Schloss!«

Da stand auf einmal mitten im Stadtpark ein prächtiges Märchenschloss.

»Oh«, rief der Junge verwundert.

»Komm mit!«, forderte ihn die Prinzessin auf. »Jetzt besuchen wir den König.« Sie brauchte mit ihrem Zauberstab nur das große Tor zu berühren, als es auch schon aufsprang. Dann durchquerten sie den Schlosshof, stiegen eine Treppe hoch und gingen durch viele Säle, einer immer prächtiger als der andere. Im allerprächtigsten hockte der König auf einem Thron und regierte, das heißt, eigentlich regierte er nicht, denn sein Telefon war gerade kaputt und ohne Telefon kann heutzutage niemand regieren. Und weil der Fernseher auch nicht in Ordnung war, langweilte er sich sehr. Seine Minister standen um ihn herum und wussten keinen Rat.

»Ich langweile mich!«, jammerte der König. »Niemand kann mir helfen, nicht einmal meine Frau, die Königin. Den ganzen Tag sitzt sie da, strickt einen Kniewärmer für mich und unterhält sich mit ihren Freundinnen. Ist das nicht schrecklich? Wer es schafft, mir die Zeit zu vertreiben, den will ich einladen, zu mir in mein Schloss zu ziehen und mein Freund zu werden.«

»Da wüsste ich schon was«, sagte der Junge und sah aus dem Fenster auf die Straße hinunter. »Wir könnten den Leuten da unten auf die Köpfe spucken. Wer trifft, hat gewonnen.«

Das gefiel dem König nicht.

»Oder Fußball spielen?«

Auch das lehnte der König ab, denn er war ziemlich dick und Fußball spielen war ihm viel zu anstrengend. Das sah er sich lieber im Fernsehen an.

»Vielleicht macht's dir Spaß, wenn ich dir etwas vorzaubere«, schlug ihm die Prinzessin vom gläsernen Turm vor und zauberte allen Ministern Eselsköpfe und den Lakaien Affenschwänze. »Ich bin nämlich eine berühmte Zauberfrau.«

Doch der König befahl ihr, alles sofort wieder rückgängig zu machen. Er brauchte Minister mit richtigen Köpfen und nicht mit denen von Eseln, und seinen Gästen wollte er nicht zumuten von Lakaien mit Affenschwänzen bedient zu werden.

»Spielverderber!«, murmelte die Prinzessin verärgert, doch so, dass es der König nicht hören konnte.

»Wie wär's mit einem Himmel-und-Hölle-Spiel?«, sagte der Junge.

»Was 'n das?«, wollte der König wissen.

Der Junge holte einen Kieselstein aus der einen Hosentasche und aus der anderen ein kleines Stück Kreide, zeichnete damit eine Reihe von Kästchen auf das Parkett und erklärte dabei die Regeln. Danach hüpften er und die Prinzessin kichernd von Kästchen zu Kästchen und der König machte es ihnen nach.

Erst als ihnen die Puste ausging, hörten sie auf.

»Uff!«, seufzte der König zufrieden. »Und was machen wir jetzt?«

»Jetzt machen wir Musik!«, rief der Junge.

»Aber wir haben doch gar keine Instrumente«, gab ihm der erste Minister zu bedenken.

»Ich könnte ja welche herzaubern«, rief die Prinzessin.

»Bemüh dich nicht! Wir finden auch so welche.« Der Junge nahm ein Stück Papier, rollte es zu einem Trichter zusammen und reichte es dem König. Für die Prinzessin zog er einen Kamm aus der Tasche und vom König erbat er sich Krone und Zepter, um sie als Schlagzeug zu benutzen.

»Eins, zwei, drei – los!«, befahl er und schon war die schönste Katzenmusik im Gange.

Es klang schlimm und machte nur den Musikanten Spaß. Die Minister und Lakaien hätten sich am liebsten die Ohren zugehalten. Doch das war gegen die Hofetikette. So etwas ist nur der Königin erlaubt, aber die musste ja stricken und hatte keine Hand frei. Deshalb blieb den Zuhörern nichts anderes übrig als Beifall zu klatschen, während sich die drei Musikanten, nach Beendigung ihres Musikstückes, die Bäuche hielten vor Lachen.

»Wie wär's mit einem Rundflug über die Stadt?«, schlug die Prinzessin vor, nachdem sie sich müde gelacht hatte. »Setzt euch alle auf meinen Kochlöffel!«

Den dicken König nahmen sie in die Mitte. Das war zwar ein bisschen eng, aber solange niemand niesen musste, ging es gerade.

Lirum, larum, Löffelstiel.
Alte Damen essen viel.
Junge müssen fasten.
Komm aus deinem Kasten!

Mach, was ich dir sage,
ohne eine Frage:
Flieg los!,

rief die Prinzessin vom gläsernen Turm.

Da schwebte der Kochlöffel mit seinen Fluggästen zum Fenster hinaus, umkreiste drei Mal das Schloss und steuerte den Fernsehturm an.

»Vielleicht weiß dort jemand, warum dein Fernseher kaputt ist!«, rief die Prinzessin dem König zu.

»Ach, was«, erwiderte der. »Das interessiert mich nicht. Flieg ruhig weiter! Fliegen ist viel schöner als fernsehen.«

Sie schwebten an einem hohen Baugerüst vorbei und tauschten mit den Bauarbeitern Witze aus, erfuhren die Tagesneuigkeiten von einem Schornsteinfeger und hätten beinahe einen Polizeihubschrauber zum Absturz gebracht, weil der Pilot so erschrak, als er einem König und zwei Kindern auf einem Kochlöffel begegnete. Er verständigte die Flugsicherung, doch die Fluglotsen glaubten ihm nicht und hielten ihn für verrückt.

Später spielten die Prinzessin, der König und der Junge mit den Tauben Fangen und fühlten sich einfach königlich.

Doch als es kühler wurde und sie zu frieren begannen, steuerten sie das Schloss im Park an. Gerade, als sie im Thronsaal landeten, klingelte das Telefon.

»Majestät, ein Gespräch aus New York!«, rief der erste Minister aufgeregt und vom nächsten Apparat brüllte der zweite: »Und hier eines aus Moskau!«

»Frag, was sie wollen«, brummte der König verärgert. »Hab jetzt keine Zeit für langweilige Telefongespräche.«

Daraufhin drückte der dritte Minister auf den Knopf des Fernsehapparates, der inzwischen repariert worden war.

»Schalte sofort den blöden Kasten ab!«, schrie der König wütend.

Er entließ alle seine Ratgeber und stellte dafür den kleinen Jungen ein. »Du bleibst da und hilfst mir beim Regieren«, sagte er. »Und wenn ich mal tot bin, darfst du selber regieren, wenn es dir Spaß macht. Macht's dir keinen Spaß, darfst du den Leuten auch auf die Köpfe spucken.«

Doch auf einmal klingelte es draußen am Schlosstor. Ein fremder Mann begehrte Einlass.

»Wer bist du und was willst du?«, fragte ihn der König. »Ich habe gerade Besuch. Du störst mich.«

Der Fremde stellte sich vor. Er war Oberregierungsministerialbeamter im Stadtbauamt. »Dieses Schloss ist ein Schwarzbau«, sagte er streng. »Es wurde ohne Genehmigung hier aufgebaut und muss deshalb unverzüglich verschwinden.«

»Keine Sorge!«, rief die Prinzessin fröhlich. »Was sein muss, muss sein. Das haben wir gleich.« Dann nahm sie ihren Zauberstab, schwang ihn rundherum um ihren Kopf und rief:

Lirum, larum, Löffelstiel.
Alte Damen essen viel.
Junge müssen fasten.
Komm aus deinem Kasten!
Mach, was ich dir sage,
ohne eine Frage:
Versetze das Schloss
auf den gläsernen Turm!

Und in null Komma nix war es aus dem Park verschwunden und stand dafür auf dem Dach des gläsernen Turmes, gleich neben dem alten Baum.

Da tanzten die Prinzessin, der König und der Junge singend durch alle Säle und durch den Garten.

»Das war der lustigste Nachmittag in meinem Leben!«, rief die Prinzessin glücklich. »Und überhaupt nicht einsam!«

Die Eltern der Prinzessin vom gläsernen Turm, die sich den Lärm nicht erklären konnten, kamen schnell herbeigerannt, um nachzusehen, was er bedeutete. Doch sie drehten beruhigt wieder um, als sie entdeckten, dass es ihre Tochter war, die mit einem neuen Freund in einem Sandkasten spielte. Sie wunderten sich nur etwas, wie der Sand in ihren Dachgarten gekommen war. Den König und sein prächtiges Schloss konnten sie nicht sehen. Sie blieben unsichtbar.

Am Abend, als es Zeit für den Jungen wurde heimzugehen, damit sich seine Mutter nicht ängstigte, begleitete ihn das kleine Mädchen mit dem Lift bis ins Erdgeschoss.

»Bis bald«, sagte sie, und: »Bis bald«, erwiderte der Junge, während sich weit oben im vierzigsten Stock der Zaubervogel auf einem Baumast niederließ und sang:

Lirum, larum, Löffelstiel.
Das ist das Ende von dem Spiel.
Geh wieder in deinen Kasten hinein!
Von nun an ist sie nie mehr allein!

Womit er natürlich die Prinzessin vom gläsernen Turm meinte.

Hanna Jansen

Freund gesucht

Vielleicht denkst du, dass in der Welt der Märchen alles ganz anders ist. Aber das stimmt so nicht.

Wer sich ein wenig auskennt, weiß, dass es dort oft genau so zugeht wie überall.

Es gibt solche und solche Wesen: böse und gute, starke und schwache, glückliche und unglückliche, Freunde und Feinde …

Und einsame Wesen, die niemanden haben, mit dem sie sich gut verstehen und den sie von Herzen lieb haben können, gibt es auch.

Von zwei solchen will ich erzählen.

Das eine war ein Zwerg, das andere ein Riese. Da, wo sie lebten, fand sich niemand, der zu ihnen passte, und so blieben sie lange Zeit allein.

Zu lange! Sie sehnten sich nach einem guten Freund. Und eines Tages hielten sie es nicht mehr aus.

»Ich will mir einen Freund suchen«, sagte der Riese.

»Ich muss unbedingt einen Freund finden«, sagte der Zwerg.

Nachdem das klar war, wollten beide ihr Vorhaben sogleich

in die Tat umsetzen. Sie hatten jedoch keine Ahnung, wie und wo sie suchen sollten.

Ich werde durch das Land ziehen und so lange rufen, bis mich jemand hört, der mein Freund sein will, dachte der Zwerg.

Ich werde eine Nachricht schreiben und sie so lange aufhängen, bis sie jemand liest, der mein Freund sein will, nahm sich der Riese vor.

Gedacht, getan!

Der Zwerg zog rufend durch das Land. Er hielt sich einen Trichter vor den Mund, damit man seine Stimme besser hören konnte.

Der Riese hängte eine Nachricht auf. An einer großen Tafel, wo jeder, der etwas zu melden hatte, es tun konnte. »Feenstaub vom letzten Jahr im Sonderangebot«, »Schuhe: noch drei Restpaare Modell Aschenputtel«, »Biete dritten Wunsch gegen einen Sack voll Zufriedenheit«, »Prinz entlaufen« und dergleichen mehr war dort zu lesen. Nun kam die Nachricht des Riesen noch hinzu. Sie nahm die ganze Tafel für sich ein.

»Freund gesucht!«, stand da weithin zu lesen.

Der Riese hatte lange nachgegrübelt, wie er beschreiben sollte, wonach er sich so sehnte. Endlich waren ihm die beiden Worte eingefallen, die alles sagten, was ihm wichtig war.

Und der Zwerg hatte ganz genau denselben Einfall. Nur dass er sofort darauf gekommen war. Wahrscheinlich, weil seine Gedanken nicht so lange Wege brauchten wie die des Riesen.

»Freund gesucht!« Diese beiden Worte rufend, zog er als sein eigener Bote durchs Land. Und näherte sich so allmählich auch der Anzeigentafel. Schon von weitem las er dort die Nachricht des Riesen. Er hielt verwundert an. Wer hatte denn da seine Worte aufgeschrieben?

Dann entdeckte er den Riesen, der neben der Tafel stand und auf jemanden zu warten schien.

Nur weil der Zwerg noch weit genug weg war, konnte er den Riesen vollständig sehen. Wäre er näher dran gewesen, hätte er sicher nicht über dessen Fußspitze hinausschauen können.

Das wäre schade gewesen. Denn was er sah, gefiel ihm über alle Maßen. Dieses liebe Gesicht! Zwar unvorstellbar groß, aber mit sanften Augen. Darin leuchtete dieselbe Sehnsucht, die auch ihn, den Zwerg, durchs Land getrieben hatte. Kein Zweifel, da war einer, mit dem es sich weniger einsam leben ließ.

»Freund gesucht! Bist du es?«, rief der Zwerg, so laut er nur konnte, durch seinen Trichter.

Der Riese hörte den Ausruf. Und auch er wunderte sich. Wer rief denn da seine Nachricht durchs Land?

Dann entdeckte er den Zwerg mit dem Trichter vor dem Mund.

Nur weil der Zwerg noch weit genug weg war, konnte der Riese ihn sehen. Wäre der Winzling näher dran gewesen, wäre er sicher hinter der Fußspitze des Riesen verborgen geblieben.

Das wäre schade gewesen. Denn was der Riese sah, gefiel ihm über alle Maßen. Dieses liebe Gesicht! Zwar unvorstellbar klein, aber mit sanften Augen. Darin leuchtete dieselbe Sehnsucht, die auch ihn, den Riesen, dazu gebracht hatte, neben der Tafel zu warten. Kein Zweifel, da war einer, mit dem es sich weniger einsam leben ließ.

»Freund sucht Freund! Ich bin es!«, flüsterte der Riese. Er bückte sich und hob den Zwerg zu sich empor.

Und der Zwerg fand unter dem Kragen des Riesen einen sicheren Platz. Nah genug am Ohr des Freundes, dass er auch ohne Trichter mit ihm reden konnte.

Und es begann ein aufregendes Leben zu zweit. Denn jeder von ihnen lernte durch den anderen etwas ganz Neues kennen.

Der Zwerg konnte nun auf der Schulter des Riesen in Sekundenschnelle eine Strecke zurücklegen, für die er sonst mindestens einen Tag gebraucht hätte. Und von dort oben konnte er weit über Bäume und Hügel hinwegblicken. Zum ersten Mal entdeckte er, wie unendlich groß die Welt ist.

Auch dem Riesen erging es jetzt besser als vorher. Denn sein kleiner Freund fing mit dem Trichter die lästigen Flöhe, die der Riese mit seinen Pranken niemals zu fassen bekam. Außerdem kannte sich der Zwerg mit Kräutern und Beeren aus, die tief am Boden wuchsen. Er braute so manchen heilenden, köstlichen Tropfen, den sich der Riese auf der Zungenspitze zergehen ließ. Und zum ersten Mal entdeckte der Riese, wie viele Schätze im Kleinen verborgen sind.

Aber ehrlich gesagt hatten sie es nicht immer leicht miteinander. Wenn einer so riesig ist und der andere so winzig, müssen sich beide erst an vieles gewöhnen. Wie du dir vielleicht denken kannst.

Doch wenn sie sich ab und zu einmal gar nicht mehr verstanden, dann setzte der Riese den Zwerg auf die Spitze sei-

Freund gesucht!

nes Fingers und hielt ihn weit genug von sich weg, damit sie einander ansehen konnten.

»Bist du es?«, rief der Zwerg dann, so laut er nur konnte.

Und der Riese flüsterte: »Ich bin es.«

Und sie wussten wieder, warum sie zusammen waren. Denn damit war alles gesagt.

Ulrike Kuckero

Vom Huhn, das verreisen wollte

Es war einmal ein Huhn, das wollte so gern verreisen. Seit es aus dem Ei geschlüpft war, lebte es in immer dem gleichen Hühnerstall und allmählich wurde das Leben langweilig.

»Ich werde verreisen«, verkündete es eines Tages und nahm seinen kleinen Koffer unter den linken Flügel. »Ich hoffe, ihr kommt solange ohne mich aus.«

Die anderen Hühner lachten. »Verreisen? Wohin denn?«, gackerten sie.

Doch das Huhn antwortete ihnen nicht. Es kletterte die Hühnerleiter hinunter, stieß die Klappe zum Ausgang auf und ging über den Hof.

»Schau dir dieses alberne Huhn an«, rief da die Bäuerin zum Bauer. »Will es etwa verreisen?«

»Ha«, lachte der Bauer, »verreisen? Wohin denn?« Und er machte das Tor zur Straße zu.

Doch das Huhn ging am Tor vorbei, über die Wiese, kletterte unter dem Stacheldraht hindurch, sprang hinten über den Bach und wanderte in die Welt hinaus.

»Seht euch dieses alberne Huhn an«, rief die schwarze Kuh, die auf der Weide stand. »Will es etwa verreisen?«

»Verreisen?«, rief die braune Kuh und brüllte vor Lachen. »Wohin denn? Etwa nach Honolulu?«

Gute Idee, dachte das Huhn. Es packte seinen kleinen Koffer noch fester und lief weiter über die Weide.

Bald kam es zu einer Straße. Da stand ein Trecker. Der gehörte dem Nachbarbauern, der gerade nach seinen Kühen schaute. Schnell sprang das Huhn auf das Trittbrett. Da fuhr der Trecker auch schon los, immer die Straße hinab.

»Ich verreise!«, gackerte das Huhn glücklich. Es stellte seinen kleinen Koffer ab und schaute auf die vorbeifliegende Landschaft.

Bald fuhr der Trecker auf einen Hof, wurde langsamer und hielt schließlich an. Das Huhn packte seinen Koffer unter den rechten Flügel und sprang schnell vom Trittbrett.

Auf dem Hof liefen viele Hühner umher. Als sie das fremde Huhn sahen, kamen sie angelaufen, umkreisten es und gackerten: »Wo kommst du denn her? Und was willst du hier?«

Das Huhn stellte seinen kleinen Koffer ab, schüttelte sich die lahmen Flügel locker und sagte: »Ich komme von meinem langweiligen Hühnerstall und mache hier jetzt Urlaub.«

Da staunten die Hüher nicht schlecht. Urlaub? Keines von ihnen war bisher auf solch eine Idee gekommen.

Bereitwillig ließen sie das Huhn bei sich auf der Hühnerstange schlafen und am Tage pickte es mit den anderen Hühnern Körner und Würmer im Garten.

Das ging eine Weile so, bis das Huhn eines Tages seinen kleinen Koffer hervorholte und sagte: »War nett bei euch. Mein Urlaub ist jetzt zu Ende.«

Wieder nahm es den Koffer unter den linken Flügel und

Vom Huhn, das verreisen wollte

marschierte über den Hof zum Trecker, kletterte auf das Trittbrett und stellte seinen Koffer ab. Diesmal musste das Huhn ein wenig warten, bis der Trecker losfuhr. Der Bauer hatte noch andere Dinge zu tun. Erst am Abend fuhr er mit dem Trecker zu den Weiden, um nach den Kühen zu schauen.

An der Weide sprang das Huhn ab und ging mit seinem kleinen Koffer zum Bach.

»Da bist du ja wieder«, lachte die schwarze Kuh. »Wo warst du denn?«

»Verreist«, sagte das Huhn stolz und ging weiter.

»Ha!«, brüllte die braune Kuh. »Ein Huhn, das verreist! Warst du in Honolulu?«

Doch das Huhn antwortete nicht. Es sprang über den Bach, kletterte unter dem Stacheldraht hindurch und lief über die Wiese. Schon stand es auf seinem Bauernhof.

»Da bist du ja wieder«, sagte die Bäuerin, »ich hab dich schon gesucht.«

»War verreist«, sagte das Huhn kurz und lief eilig zum Hühnerstall.

»Da bist du ja wieder«, staunten die anderen Hühner. Sie rückten beiseite und ließen das Huhn auf die Hühnerstange.

»Hab Urlaub gemacht«, sagte das Huhn und schaute in die Runde.

Die Hühner sahen es gespannt an. »Wo denn?«, riefen sie.

»In Hühnerlulu«, sagte das Huhn lässig. »Kann ich euch nur empfehlen.«

Edith Schreiber-Wicke

Hörst du, was die Wörter sagen?

Das hier ist keine Geschichte. Es sind viele Geschichten. Wörter, die klingen. Bilder zum Horchen. Lautmalerei. Der oder die Vorlesende wird gebeten, so richtig schön zu grollllen und zu piiiiepsen, zu rassssseln und zu zischschschen!

1. Neujahrswunsch

Schrill pfeifend saust die Rakete davon,
ein Knallen, ein Krachen, eine Explosion,
ein gleißender, zischender Lichterstrauß
verglüht knatternd am Himmel – dir macht das nichts aus.

Die Vierb-b-beiner aber bibbern und beben,
verkriechen sich zitternd, haben Angst um ihr Leben.
Noch bist du klein und entsprechend weise –
sag einfach den andern: Bitte, seid leise.

2. Februarfeste

Wenn kleine Gespenster mit Ketten rasseln
und Krapfen zischend heiß brutzeln und prasseln,
wenn Prinzessinnen schmatzen und mampfen
und Indianer den Stammestanz stampfen …

… das ist die Zeit, wo's Konfetti regnet,
auch kann es sein, dass E.T. dir begegnet.
Papierschlangen schleichen und kriechen durchs Zimmer
und Rüpel rülpsen – aber die tun das immer.

3. Frühlingsgefühle

Es trillert die Lerche, es tschilpen die Spatzen,
sie flattern und schimpfen beim Anblick von Katzen.
Es piepst aus den Nestern, es trommelt der Specht,
dass der Winter vorbei ist, ist allen recht.

Auch Bäche, die kürzlich noch still unter Eis,
sind wieder gesprächig – erst gluckern sie leis,
gurgeln dann, sprudeln und plätschern vergnügt,
weil ihnen der Frühling zum Frohsein genügt.

4. Ostergeheimnis

Küken piepsen, Hühner gackern,
Osterfeuer knistern und flackern,
Enten schnattern, Tauben gurren,
manch einer hört sogar Palmkätzchen schnurren.

Osterglocken bimmeln und klingen,
Meisen zwitschern und Amseln singen –
nur das Hoppeln der Hasen ist selten zu hören,
auch wackeln sie lautlos mit länglichen Öhren.

5. Maistimmen

Libellen schwirren, Bienen summen,
Mücken surren, Maikäfer brummen,
Gräser flüstern, Falter gaukeln –,
wenn sie nicht grade an Maiglöckchen schaukeln.

Mailüfte rascheln sacht in den Blättern,
ein Maulwurf besucht seine Lieblingsvettern,
eine Heuschrecke hüpft vor Schreck in die Luft,
der Rabe sagt »krok«, wenn er jemanden ruft.

6. Juniwetter

Gewitterregen – du liegst wach …
Er prasselt und trommelt auf das Dach,
du hörst ihn mit schweren, klatschenden Tropfen
dumpf dröhnend gegen die Scheiben klopfen.

Zuckende Blitze, drohendes Grollen,
da ist wieder einmal gar nichts zu wollen:
Dein Teddy will nicht alleine sein,
nimm's ihm nicht übel, er ist ja noch klein.

7. Sommerkonzert

Grillen zirpen und wollen sich nicht zeigen,
Hähne krähen und Wolken schweigen.
Eine Hummel brummt, eine Mücke surrt –
dort kommt der Kater, der oft so laut schnurrt …

Eine Ziege me-eckert, dann grununzt ein Schwein,
Schnauben und Wiehern setzt vom Pferdestall ein.
Frösche quaken ganz in der Näh,
eine Libelle propellert zum See …

Kein Ton geht bei diesem Konzert verloren –
die Eintrittskarte sind deine Ohren.

8. Augustlust

Hörst du die Gischt?
Sie rauscht und klatscht und zischt.
Sie tost und braust und spritzt,
während du am Ufer sitzt.

Wenn sich Brausen und Tosen und Zischen
mit dem Krächzen heiserer Möwen mischen,
hörst du klarerweise die Muscheln
nur selten miteinander tuscheln.

9. Septemberstadt

Eine Straßenbahn bimmelt, es brummen Motoren,
das Kreischen von Bremsen belästigt die Ohren.
Scherben klirren, Hupen keifen,
dazwischen quietschen Autoreifen.

Es knirscht, darauf folgt dumpfes Krachen,
ein lautes Scheppern metallener Sachen.
Was du da hörst, das nennt man Stadt –
beziehungsweise: Blechsalat.

10. Oktoberwind

Hörst du im Herbstwind die Bäume ächzen?
Kastanien plumpsen und Krähen krächzen.
Laut raschelt das Laub bei jedem Schritt,
es braust der Sturm und bringt Wolken mit.

Was stört uns schon das bisschen Regen?
Zu Hause bleiben wir nicht deswegen!
Macht echt Spaß, durch Matsch zu patschen –
es muss ja keiner Beifall klatschen.

11. Novemberschnupfen

Wenn die Brausetablette ins Wasser trudelt
und glucksend und gurgelnd im Glase sprudelt
und kleine Perlen mit leisem Zischen
nach oben aus dem Gefäß entwischen …

… das kitzelt und pritzelt und spratzelt im Mund,
die blubbernden Bläschen sind dafür der Grund.
Da muss man ganz einfach hörbar schlürfen –
das wird man doch ausnahmsweise dürfen!

12. Weihnachtswunder

Silberhell klingendes Glockengebimmel,
glitzernde Flocken vom Winterhimmel
landen auf Nasen und Mützen ganz sacht,
verzaubern die Welt, und das über Nacht.

Überhör das Kreischen, Brüllen und Dröhnen,
das Schrillen und Plärren von falschen Tönen.
Denk dir die grellen Werbespots fort:
Weihnachten ist ein leises Wort.

Hortense Ullrich

Wie Allyssa einen Hund bekam

Hinweis für vorlesende Eltern, die es eilig haben:
Man kann eine »Abkürzung« durch die Geschichte nehmen, wenn man den kursiv gedruckten Text auslässt.

»Erzählst du mir eine Geschichte?«, bettelte Leo.

»Aber eine kurze«, versuchte der Vater zu handeln und setzte sich zu Leo ans Bett.

»Okay. Aber sie muss echt sein«, sagte Leo.

»Echt?«

»Sie muss wirklich passiert sein«, erklärte Leo.

»Ach so. Ja.« Der Vater räusperte sich. »Also, es war einmal eine Leandra …«

»Eine was?«, fragte Leo.

»Eine Leandra, ein kleines Mädchen«, erklärte der Vater.

»Du fängst falsch an«, rügte Leo. »Mit ›Es war einmal‹ fangen Märchen an. Echte Geschichten fangen anders an.«

»Na gut«, sagte der Vater geduldig. »Da gab es ein kleines Mädchen, das hieß Leandra.«

»Wie alt war sie?«, wollte Leo wissen.

»So etwa fünf. Aber sie behauptete immer, sie wäre mindestens sechs, vielleicht sogar sieben.«

»Aha. Hatte sie Geschwister?«, unterbrach Leo seinen Vater schon wieder.

»Ja. Aber lass mich doch die Geschichte erzählen, dann erfährst du es«, bat der Vater.

»Gut. Aber dann erzähl sie auch richtig.«

»Ich werde mir Mühe geben«, brummte der Vater und fuhr fort: »Leandra hatte eine Schwester, die hieß Allyssa.«

»Wie alt war die?«

»Acht«, seufzte der Vater.

»Okay, alles klar, erzähl weiter.«

»Allyssa hatte einen Hund.«

»Wie hieß …«

»Lucky«, sagte der Vater schnell. »Der Hund hieß Lucky.«

Leo nickte zufrieden.

Der Vater wartete einen Moment, dann fuhr er fort: »Also, Allyssas Hund hieß Lucky.«

»Hatte Leandra auch einen Hund?«

»Nein.«

»Das ist aber ungerecht.«

»Ja, das fand Leandra auch. Vor allem, weil Leandra der Meinung war, dass Allyssa den Hund eigentlich ihr zu verdanken hätte.«

»Wie?«

»Na, das will ich dir ja erzählen. Aber du unterbrichst mich immer.«

»Du erzählst es nicht richtig.«

Der Vater schwieg beleidigt.

»Na, komm«, lenkte Leo ein, »erzähl weiter. Ich sag auch nichts mehr.«

»Den Hund hatte die Mutter von Leandra und Allyssa wegen des Frosches gekauft, den Leandra damals im Garten gefunden hatte. Also eigentlich wegen des Froschfutters.«

Leo öffnete den Mund, aber der Vater sprach schnell weiter: »Das war so: Leandra und Allyssa wollten schon immer ein Haustier. Aber ihre Mutter wollte kein Haustier. Also besorgten Leandra und Allyssa sich heimlich Haustiere: Sie fingen wilde Tiere und zähmten sie.«

»Wilde Tiere?«, rief Leo beeindruckt.

»Na ja, nicht wirklich ›wild‹. Tiere, die draußen leben, im Garten und so. Allyssa hatte zwei kleine Stubenfliegen, die auf ihrer Hand rumkrabbelten, und Leandra hatte einen Frosch gefunden. Später bekam Leandra aber Ärger mit ihrer Mutter, weil sich herausstellte, dass sie den Frosch nicht wirklich gefunden, sondern beim Nachbarn aus dem Froschteich gefischt hatte.«

Leo kicherte.

»Aber jedenfalls hatten die beiden jetzt Haustiere. Der Frosch hieß ›Hüpf‹ und Leandra hatte ihn auch gleich so dressiert, dass er ihren Arm hochkletterte und auf ihrer Schulter sitzen blieb.«

»Das ist ja toll!«, meinte Leo anerkennend.

»Das ging zwei Tage gut, doch dann fand die Mutter Leandras Frosch, der in einem alten Gurkenglas unter Leandras Bett saß. Erst mal fragte sie Leandra ganz erschrocken, ob Leandra den wohl geküsst hätte, das sei nämlich eine giftige Kröte. Leandra fand den Gedanken wirklich sehr merkwürdig und wunderte sich ein bisschen über ihre Mutter.«

»Ich weiß, warum die Mutter das gefragt hat!«, rief Leo.

»Ja?«

»Wegen dem Märchen vom Froschkönig!«

Der Vater nickte.

»Wie ging's weiter?«, wollte Leo wissen.

»Die Mutter betrachtete den Frosch im Glas und meinte, der Arme würde ja schon ganz verhungert aussehen. Und es wäre nicht besonders nett, ihn in ein Glas einzusperren. Leandra solle ihn sofort wieder freilassen.«

»Aber Leandra wollte nicht und heulte«, *erriet Leo.*

»Jawohl«, stimmte der Vater zu. »Und dann entdeckte die Mutter die Fliegen in Allyssas Zimmer, machte das Fenster auf und scheuchte die Fliegen raus. Sie wusste ja nicht, dass die beiden zahm waren und Pünktchen und Anton hießen. Nun heulte Allyssa auch.«

»Hätte ich auch«, nickte Leo.

»Allyssa und Leandra heulten also, weil sie dringend ein Haustier haben wollten, die Mutter ihnen aber keins kaufen wollte. Die Mutter bekam ein ganz schlechtes Gewissen, als sie die beiden so herzzerreißend heulen sah, und bot an, dass sie den Frosch noch für zwei weitere Tage behalten dürften, bevor sie ihn wieder freilassen müssten. Dann bräuchte der Frosch aber jetzt dringend etwas zu essen.

Sie fuhr mit Allyssa und Leandra in eine Tierhandlung, wo man Tiere kaufen kann und Futter für Tiere und so. Dem Verkäufer erklärte sie, dass sie Froschfutter brauchte.

Die Mutter dachte wohl, der Mann würde ihr jetzt eine Dose oder eine Tüte Haferflocken oder so geben. Aber so war es nicht. Der Verkäufer gab ihr eine Plastiktüte voller lebender kleiner Kribbelkrabbeltiere, die er Heimchen nannte. Als die

Mutter das sah, schrie sie auf und rief, sie verfüttere keine lebenden Tiere, und ließ die Tüte fallen.«

»Auweia!«, meinte Leo.

»Die Tüte ging auf und all die Käfertiere krabbelten auf dem Boden rum. Das fand die Mutter total eklig und zog Allyssa und Leandra schnell in eine andere Ecke des Geschäfts.«

»War sie aber selber schuld«, meinte Leo.

Der Vater nickte. »Sie zeigte den beiden dann alle möglichen Tiere und fragte immer wieder: ›Wie würde euch denn so was gefallen?‹ Oder: ›Das ist doch auch niedlich!‹ Und all solche Sachen. Aber Leandra und Allyssa wollten keine Hamster oder Meerschweinchen. Sie schüttelten immer den Kopf und sagten: ›Wir wollen den Frosch, den man mit den kleinen lebendigen Käfertieren füttern muss!‹«

»Fänd ich auch besser«, sagte Leo.

»Die Mutter wurde immer verzweifelter und auch etwas ärgerlich und meinte, was die beiden nur für merkwürdige Kinder seien, die einen hässlichen Kröten-Frosch lieber wollten als etwa ein kleines süßes Pelztier, das Gemüse frisst oder sein Futter aus einer Dose bekommen kann.«

»Sie fand die lebendigen Käfertiere so eklig!«, erklärte Leo.

Der Vater nickte. »Allyssa fing wieder an zu heulen und schluchzte, gerade müsse sie an Pünktchen und Anton denken und jetzt sei Mami auch noch so gemein zu Leandras Frosch, alles wäre so furchtbar. Die Mutter wollte nur noch weg aus dem Geschäft. Bestimmt auch deshalb, weil der Verkäufer das Froschfutter noch nicht wieder eingefangen hatte. Dann nahm sie Allyssa in den Arm und meinte: ›Es tut mir so

Leid, Allyssa. Wenn ich dir einen Hund kaufe, hörst du dann auf zu weinen?‹«

»Hat sie das wirklich gesagt?!«, fragte Leo erstaunt.

»Allerdings. Sie muss wohl sehr verzweifelt gewesen sein«, sagte der Vater.

»Ja, und da waren ja auch noch die ganzen Kribbelkrabbeltiere«, erinnerte sich Leo.

»Genau.«

»Sie wollte einfach nur schnell wieder aus dem Geschäft raus«, sagte Leo.

Der Vater nickte. »Allyssa schluchzte noch ein letztes Mal und sagte dann, das wär okay, mit dem Hund.«

»Und was war mit Leandra?«, fragte Leo.

»Leandra war so froh darüber, dass sie endlich einen Hund bekommen würden, dass sie erst gar nicht merkte, dass Allyssa jetzt den Hund bekam und nicht sie.«

»Aber dann hat sie es doch gemerkt«, *rief Leo.* »Und geheult.«

»Genau so war es«, bestätigte der Vater.

»Was hat die Mutter gemacht?«

»Die Mutter war ganz erschrocken und sagte: ›Entschuldige Leandra, natürlich ist es auch dein Hund, ihr teilt ihn euch.‹«

»Wie soll denn das gehen?«, wunderte sich Leo. »Allyssa fand das bestimmt nicht gut.«

»Stimmt, Allyssa war darüber gar nicht froh«, bestätigte der Vater. »Da heulte Allyssa und meinte, das wäre gemein, ihr den Hund jetzt wieder wegzunehmen, und ein halbes Tier mache lange nicht so viel Spaß wie ein ganzes. Die Mutter wusste jetzt gar nicht mehr, was sie machen sollte.«

»Und hat auch geheult?«, vermutete Leo.

»Aber sie hat nicht geheult, sondern entschieden, jetzt kriegt erst mal Allyssa ein Tier, und wenn Leandra so alt ist wie Allyssa, kriegt sie auch eins.«

»Also hat Allyssa doch den Hund Leandra und ihrem Frosch zu verdanken«, überlegte Leo.

»Ja, so kann man das sehen.«

»Hat Leandra mit dem Hund spielen dürfen?«

»Manchmal.«

»Wenn Allyssa nicht zu Hause war?«

»Mmh«, nickte der Vater.

»Haben sie sich um den Hund gestritten?«

»O ja. Aber das ist eine andere Geschichte.«

»Erzählst du sie mir?«

»Ja. Aber nicht heute. Schlaf jetzt. Gute Nacht.« Der Vater stand auf.

»Was war mit dem Frosch?«, rief Leo.

»Den durften sie noch zwei Tage behalten und dann brachte Leandra ihn wieder zu den Nachbarn in den Teich zurück.«

»Aber sie hat ihn jeden Tag besucht«, hoffte Leo.

»Hat sie.«

»Hat Leandra denn einen Hund bekommen, als sie so alt war wie Allyssa?«

»Ja. Aber diese Geschichte erzähle ich dir auch ein andermal.« Der Vater gab Leo noch einen dicken Kuss und sagte: »Gute Nacht, Leo.«

Max Kruse

Urmel in der See

Auf der Insel Titiwu, wo Professor Habakuk Tibatong und seine sprechenden Tiere wohnten, gab es eine Höhle.

Dort lebte eine große Krabbe. Auch ihr hatte der Professor das Sprechen beigebracht, nämlich die Taubstummensprache.

Sie verständigte sich mit Hilfe ihrer Zangen. In ihrer Kindheit hatte die Krabbe in schönen untergegangenen Schiffen tief, tief im Meer gelebt.

Aber schreckliche und gefährliche, sehr seltene Lebewesen hatten sie daraus vertrieben.

Aus Furcht vor diesen Lebewesen hatte sich die Krabbe aus dem Meer in die Höhle auf der Insel Titiwu zurückgezogen.

Eines Nachts machte Seele-Fant, der See-Elefant, eine merkwürdige Beobachtung: Seltsame Geschöpfe stiegen aus dem Meer. Sie liefen am Strand auf und ab, als ob sie etwas suchten. Sie redeten miteinander und zischten und gluckten dabei. Dann tauchten sie wieder ab.

Seele-Fant waren sie unheimlich. Deshalb robbte er zum Professor und erzählte ihm davon. Der Professor erinnerte sich an das, was die Krabbe ihm erzählt hatte.

Er sprach mit ihr und rief dann seine Freunde zusammen,

um sich mit ihnen zu beratschlagen: das Schwein Wutz, den Schuhschnabel Schusch, Wawa, den Waran, Seele-Fant, Ping Pinguin, Tim Tintenklecks und natürlich das Urmel.

Der Professor sagte: »Die Krabbe glaubt, es seien die Seeungeheuer, die sie vor langer Zeit aus ihrem Haus vertrieben haben und jetzt wieder verfolgen.«

»Pfrecklich!«, meinte Ping Pinguin, der statt »sch« immer »pf« sagte.

Der Professor nickte. »Wir müssen der Krabbe helfen. Ihr wisst ja, dass ich Tauchtabletten erfunden habe. Sie ermöglichen es jedem, so lange unter Wasser zu bleiben, wie ihre Wirkung anhält.«

»Und was passiert, wenn sie nicht mehr wirken?«, fragte das Urmel.

»Dann ertrinkt man, wenn man nicht rechtzeitig wieder an die Luft kommt.«

»Ich nicht, ätsch«, sagte das Urmel. »Ich bin beides, ein Landtier und ein Meeresbewohner!«

»Das Urmel ist auch noch stolz darauf, ein halber Fipf zu sein«, flüsterte Ping Pinguin Wawa zu.

Und Wawa zischte zurück: »Es heißt Fisch! Wann lernst du es endlich?«

Das Urmel fuhr fort: »Aber Wutz muss dann ertrinken!«

Wutz schluchzte: »Das scheint dich auch noch zu freuen, öff! Das ist nun der Dank dafür, dass ich dich aufgezogen habe!«

»Nun weine nicht, Wutz«, rief der Professor ungeduldig. »Ich habe beschlossen die Seeungeheuer in ihrer Stadt bei den Korallenriffen zu besuchen. Ich will sie bitten, die Krabbe in Frieden zu lassen.«

»Ich komme mit!«, rief das Urmel. Niemand wollte den Professor alleine gehen lassen.

Nur Seele-Fant sollte zu Hause bleiben.

Der Vogel Schusch wollte mitkommen, solange sie sich nicht unter Wasser begaben. So konnte er im Notfall Seele-Fant zu Hilfe holen.

Tim Tintenklecks baute ein Floß aus Baumstämmen. Bald war es fertig und sie segelten über den Ozean.

Der Professor stand mit dem Fernglas vorne. Tim Tintenklecks steuerte. Wutz wurde in ihrer Schlummertonne hinterhergezogen. Wawa döste in der Sonne. Schusch stand auf einem Bein und klapperte müde mit den Augen. Und das Urmel und Ping Pinguin vergnügten sich oft in den Wellen.

Nach einigen Tagen sagte der Professor: »Ich glaube, wir sind da!«

»Ich sehe aber keine Schiffe. Und keine Korallenriffe. Und keine Seeungeheuer!«, rief das Urmel.

»Natürlich nicht. Die sind alle tief, tief in der See – also in der Tiefsee«, erklärte der Professor.

Sie beschlossen Ping Pinguin vorauszuschicken. Er sollte herausfinden, wie sie in die Stadt der Seeungeheuer kämen. Ping Pinguin schluckte eine Tauchtablette und verschwand in den Wellen.

Viele Stunden blieb er aus.

Erst als die Sonne sank, kehrte er zurück.

Und dann erzählte er. Er war in der Stadt gewesen! Glücklicherweise hatte ihn keines der Ungeheuer bemerkt.

»Gut gemacht, Ping Pinguin!«, sagte der Professor. »Morgen tauchen wir zusammen hinab.«

Aber nun mussten sie erst einmal schlafen. Nur das Urmel schlief nicht. Es wollte zu den Seeungeheuern.

Ping Pinguin hatte sie so beschrieben, als ob sie ganz ähnlich wie das Urmel aussähen. Waren es etwa seine Verwandten? Ganz leise stand es auf und schrieb auf einen Zettel:

Ich bin schon vorausgeschwommen.
Macht euch keine Sorgen!

Am nächsten Morgen machten sich die anderen aber doch Sorgen.

Wutz weinte. »Mein liebes, dummes Urmel, öff, nun fangen dich die Seeungeheuer!«

»Wir brechen sofort auf. Wir helfen ihm!«, rief der Professor.

Sie banden sich alle mit einem langen Seil zusammen, schluckten jeder eine Tauchtablette und sprangen ins Wasser. Nur Schusch blieb auf dem Floß.

Vor dem Professor und seinen Freunden tat sich eine Welt voller Zauber auf. Die Fische waren gelb und rot und blau und grün. Sie waren lang und kurz und rund und schlank.

Je tiefer unsere Freunde kamen, desto dunkler wurde es. Aber nun begannen – o Wunder! – einige Fische selbst zu leuchten.

Ping Pinguin, der sich hier ja schon auskannte, führte die anderen. So kamen sie zu einer Tür in einem großen Korallenriff. Dahinter wohnten die Seeungeheuer. Ein wenig zögerten unsere Freunde. Würden sie je wieder herauskommen?

Doch Wutz quiekte: »Denkt an das Urmel, öff!«

Als sie sich der Tür näherten, entdeckten sie einen riesengroßen, graugrünen Stein. Plötzlich richtete sich dieser auf. Er sah aus wie eine Schildkröte ohne Panzer, mit einem langen Schwanz und einem langen Hals.

»Der Seeungeheuer-Türhüter!«, erklärte Ping Pinguin.

Der Türhüter forderte sie mit einer Verbeugung auf hineinzuschwimmen. »Leb wohl, geliebtes Titiwu, öff! Ich seh dich nie mehr wieder«, seufzte Wutz.

Sie schwebten hinein. Und wenn vorher alles schon so wunderbar gewesen war, jetzt fühlten sie sich wie in einem Märchen. Auf Balken, Masten, Vorbauten und Schiffsgeländern saßen glimmende Meerestiere. Es gab auch leuchtende Pflanzen. Laternen tragende Fische begleiteten ihren Zug. Es ging durch Straßen und Gassen. Links und rechts erhoben sich die Behausungen der Seeungeheuer. Es waren alles untergegangene Schiffe früherer Zeiten. Die Straßen waren wie ausgestorben. Die Seeungeheuer hockten in ihren Schiffshäusern. Sie drückten sich ihre weichen Nasen an den Fensterscheiben platt.

Unsere Freunde kamen zu einem besonders großen Schiff. Es hatte mehrere Decks. Seine Masten ragten hoch auf.

»Dies könnte ihr Rathaus sein oder das Schloss ihres Herrschers ...«, murmelte der Professor.

»Man scheint uns zu erwarten. Also hinein! Es bleibt uns keine andere Wahl!«

Kaum waren sie drinnen, erklang die Schiffsglocke. Und als ob sie nur auf dieses Zeichen gewartet hätten, stießen nun die Seeungeheuer ringsum die Türen und Fenster auf. Sie quollen heraus, mit mächtigen Leibern, Hälsen und Köpfen.

»Ach, Professor«, sagte Wutz ängstlich, »mich verlässt aller Mut, öff!«

»Und vom Urmel ist weit und breit nicht die kleinste Schwanschspitsche zu sehen!«, meinte Wawa, der statt »z« immer »sch« sagte.

Es dauerte nicht lange, da schwamm von hinten eine Gruppe von Seeungeheuern heran. Es waren wohl die Seeungeheuer-Soldaten. Sie umringten den Professor, Tim und die Tiere und drängten sie in einen großen Nebenraum.

An einem Tisch saß eine mächtige Gestalt: der Oberst der Seeungeheuer. Er winkte ihnen mit einer schwabbeligen Hand. Sie sollten näher kommen.

Der Professor verbeugte sich. Er stammelte: »Gut Nass, Verehrtester! Oder wie begrüßen Sie sich hier? Ich hörte, dass Sie unsere Sprache sprechen. Wir wünschen uns, dass wir Freunde werden!«

Der Riese am Tisch öffnete sein breites Maul. Er sagte pfeifend und gurgelnd: »So, so – pitsch, püh! Dass wir sprechen können, habt ihr auch schon gehört! Sehr – pitsch – schlecht!« Das riesengroße Geschöpf sah den Professor mit großen Augen an.

»Schau mal, wie das Seeungeheuer glotscht!«, flüsterte Wawa Ping Pinguin zu.

»Wir sind – pitsch – keine Seeungeheuer«, sagte dieses böse. »Wir sind Homo-Saurier, püh. Menschenähnliche Saurier. Und ihr müsst – pitsch – sterben, damit niemand erfährt, dass es uns gibt, püh!«

»O du geschabte Rübe«, flüsterte Wutz. »Die Wirkung der Tauchtablette lässt nach! Hast du noch eine, Professor, öff?«

»Nein«, sagte der Professor verlegen. »Ich habe die Tauchtabletten in der Eile auf dem Floß vergessen!«

»Ach«, seufzte Wutz, »mein liebes Urmel, öff, wir sehen dich nie mehr wieder!«

Ping Pinguin und Wawa blickten einander ganz erschrocken an.

Der Oberst der Homo-Saurier hatte interessiert zugehört. Nun sagte er: »Ach, ihr müsst von ganz alleine sterben, wenn ihr nur lange genug unter Wasser seid, pitsch? Aber das ist ja – püh – vortrefflich! Wir Homo-Saurier töten nicht gern. Sterben aber müsst ihr alle, pitsch!«

»Aber warum denn?«, rief der Professor. Auch er bekam Angst. »Das ist sicher ein Missverständnis! Lasst uns sofort wieder an die Luft, dann werde ich alles aufklären.«

»O nein!«, rief der Homo-Saurier. »Ihr werdet in diesem Schiff unter Wasser eingesperrt, pitsch, bis ihr – püh – ertrunken seid. Sterben müsst ihr, pitsch, weil ihr unser Geheimnis kennt und wisst, püh, wo wir leben. Denn alle seltenen Lebewesen werden von den Menschen ausgerottet, pitsch. Die Krabbe hat euch unser Versteck verraten, püh, daher werden wir auch sie umbringen. Leider, leider, pitsch, denn wir haben eigentlich ein weiches – püh – Herz und können keinem Fliegenfisch etwas antun, pitsch!«

Wutz wurde die Luft knapp. Sie quiekte laut und durchdringend: »Urmel – öff! O Urmel, öfföff, Hilfe! Hiiilfeee, Hiiilfeee ... öff ... öff ...«

»Oje, Wutsch stirbt!«, jammerte Wawa leise. »Und ich bin auch bald so weit.«

Im Hintergrund der Kajüte standen viele Homo-Saurier

neugierig herum. Jetzt kam Bewegung in die Gruppe. Jemand drängte sich durch – das Urmel!

Unter seinem rechten Arm trug es ein kleines Homo-Saurier-Kind. Das Urmel erkannte sofort, dass seine Freunde in Gefahr waren. Es sprang auf den Tisch, hinter dem der Oberst der Homo-Saurier saß.

»Du bist mir ja ein schöner Onkel!«, rief es. »Erst freuen wir uns, dass wir miteinander verwandt sind, weil die Homo-Saurier irgendwie von den Urmeln abstammen! Und jetzt willst du meine Freunde sterben lassen? Wenn du sie nicht gleich wieder an die Luft lässt, dann … dann … Ich weiß noch nicht, was ich dann mache, Onkel Pitsch, aber es wird furchtbar sein!«

Und das Homo-Saurier-Kind unter seinem Arm quietschte: »Papa! Das Urmel ist mein Freund und seine Freunde – pitsch – sind auch meine Freunde, püh! Alle!«

»Aber ich muss sie doch umbringen, pitsch!«, jammerte der Herr der Homo-Saurier.

»Gar nichts musst du!«, rief das Urmel. »Keiner von ihnen wird euch jemals verraten. Schließlich bin ich ja der lebende Beweis! Ich bin noch viel seltener als ihr. Mich gibt es nur ein einziges Mal und mich hat noch nie jemand verraten. Ganz geheim werde ich gehalten!«

»Professor, öfföff, es ist aus«, röchelte Wutz und sank zu Boden.

»Ich schwöre, nie etwas zu verraten!«, rief der Professor. »Aber jetzt hilf uns schnell hier heraus, mir wird auch langsam schwindlig!«

»Nun denn – pitsch, püh! Ich kann nichts gegen mein gutes

Herz tun! Homo-Saurier! Wachen! Professor Tibatong und seine Tiere sind von jetzt an – pitsch – unsere Freunde! Bringt sie hinauf – püh – an die frische Luft!«

Jeweils zwei Wachen packten den Professor und Tim Tintenklecks. Sie schnappten sich Wutz, sie ergriffen Ping Pinguin und Wawa. Blitzschnell schwammen sie mit unseren Freunden durch die Stadt der untergegangenen Schiffe zur Meeresoberfläche hinauf.

Der Herr der Homo-Saurier und viele Angehörige seines Volkes folgten ihnen.

Kaum waren die Freunde an der frischen Luft, erholten sich alle sehr schnell.

Am Rand des Floßes lag Seele-Fant neben Schusch. »Ach, gut, dass ähr kommt!«, plapperte Schusch, der statt »i« immer »ä« sagte. »Äch habe Seele-Fant zu Hälfe geholt, weil ähr gar nächt wäderkamt. Gerade wollte er zu euch hänabtauchen und den Seeungeheuern seine Meinung sagen!«

»Es sind keine Seeungeheuer, es sind meine Freunde!«, rief das Urmel fröhlich. »Und ich habe alle gerettet, den Professor und Tim und Ping Pinguin und Wawa. Und natürlich Wutz! Ich bin ein Lebensretter!«

»Ja, das bist du, öff!«, seufzte Wutz, noch immer etwas ermattet. Doch ihre rosige Farbe kehrte langsam wieder zurück.

Der Professor und der Oberst der Homo-Saurier schüttelten sich zum Zeichen ewiger Freundschaft die Hände.

Die Homo-Saurier versprachen, jetzt auch die Krabbe in Frieden zu lassen.

Nur Seele-Fant war traurig. Erst holte man ihn zu Hilfe und dann brauchte man ihn nicht. Deshalb begann er zu singen:

»Öch weuß nöcht, was soll ös bödeutön, dass öch so traurög bön …«

Und zu seiner großen Verwunderung und Freude fielen die Homo-Saurier mehrstimmig in seinen Gesang ein: »Ich weiß nicht, pitsch, was soll es – püh – bedeuten, dass ich so, pitsch, traurig bin, pitsch, püh …«

Es klang schauerlich schön.

Das Urmel klatschte in die Händchen und rief: »Fein, jetzt hat Seele-Fant einen Pitschpüh-Chor!« Und dann drehte das Urmel den Kopf zu dem Homo-Saurier-Kind, das es immer noch unter dem Arm hielt, und sagte zu ihm: »Weißt du was, die brauchen mich jetzt alle hier nicht. Wir schwimmen wieder hinunter und spielen weiter Murmeln mit den Schiffskanonenkugeln. Das wird toll!«

Elisabeth Zöller

Die Geschichte von der Pfütze

Eine Pfütze lag auf der Straße unter düsterem Himmel und war traurig, dass sie nur eine Pfütze war. »Ach, wie schön wäre es, wenn ich ein großer See wäre, mit Ruderbooten, badenden Kindern und einem langen, langen Strand.«

Und während sie träumte, regnete es weiter und weiter.

Und die Pfütze wurde größer und größer.

Und tiefer und tiefer.

Da kamen Kinder vorbei, die staunten und riefen: »Schaut, die Pfütze ist ja fast ein See! Kommt, wir fahren Bötchen, bauen einen Staudamm und einen Hafen!«

Und die Pfütze schwoll vor Stolz an und dehnte sich und streckte sich und machte sich lang und machte sich breit, sodass die Kinder Mühe hatten, über sie rüberzuspringen.

Und jeden Morgen wartete die Pfütze wieder auf die Kinder.

Und wenn jetzt die Leute kamen und schimpften: »Diese alte, schmutzige Pfütze, man sollte sie zuschütten …«, dann lächelte sie nur und dachte an den Nachmittag, an dem die Kinder kamen. Und Bötchen bauten …

Und sie zog den Leuten eine Nase, aber das sahen sie nicht.

Angelika Glitz

Keine Zeit für Paula

Paula hüpfte auf Socken die Treppe hinunter und es machte »pitsch, patsch, pitsch, patsch«. Das lag daran, dass Paulas Socken nass wie Waschlappen waren.

In Paulas Arm schaukelte Prinzessin. Sie war einmal die schönste Puppe der Welt gewesen. Einmal oder – um genau zu sein – bis heute Morgen. Da war sie in Paulas Schokoladenbrot geflogen. Und so etwas bekommt Prinzessinnen selten gut.

»Mama«, rief Paula und stürmte in die Küche, wo Mama fröhlich summte und einen Eimer Äpfel schälte. »Mama, du musst mir helfen.«

»Bitte helfen, heißt das«, sagte Mama. »Weißt du doch.«

Paula stöhnte. »Bitte helfen, meinetwegen.«

»So klingt das viel netter«, erklärte Mama. »So helfe ich dir gerne – sofort wenn ich diesen Apfelstrudel fertig gebacken habe. Frag doch bis dahin Jasper, ob er mit dir spielt.«

Paula stopfte sich zwei Apfelstücke in den Mund und lief den Flur entlang zu Jaspers Zimmer. Ihr Bruder saß vor einem weißen Schreibheft. Sein rosiges Gesicht ruhte auf beiden Händen. Und seine Augen waren geschlossen.

Als Paula ihn in den Po zwickte, zuckte er zusammen. Und als er Paula sah, plumpste er vor Schreck vom Stuhl.

»Keine Zeit«, stieß er hervor. »Überhaupt gar keine Zeit, wie du siehst!« Ächzend zog er sich vom Boden hoch und pflanzte seinen Hintern in die Mitte des Stuhls zurück.

»Aber du schläfst doch«, sagte Paula und zupfte Prinzessin ein paar Schokoköttel aus dem Haar.

»Ich, schlafen!« Jasper lachte. »Siehst du nicht, wie sehr ich nachdenke. Schau dir diese Falte an.« Er tippte sich mit seinem Finger an die Stirn. »So eine schöne Falte bekommt nur, wer viel nachdenkt. Und jetzt nerv zur Abwechslung mal deine Schwester.« Dann schob er Paula durch sein Zimmer auf den Flur hinaus und schmetterte die Tür ins Schloss.

Paulas Schwester Vera thronte zwischen vielen Kissen im Wohnzimmer und redete mit dem Telefonhörer. »Du, heut in der Pause hat mich Jörgi angelächelt. Der lächelt so süß.«

Paula zupfte an der Telefonschnur.

»Süß«, wiederholte Vera und zeigte Paula einen Vogel. »So süß!«

Paula schob ihren Mund nah an Veras Ohr, holte Luft und rief, dass der Ohrring daran zu schaukeln begann: »SOS, SOS!«

»SOS« rufen die Seeleute, wenn ihnen das Wasser bis zum Hals steht. Das hatte Jasper Paula erklärt.

»SOS!!!«

Vera sprang auf wie der Frosch, auf den Paula im Sommer beinah getreten war. »Bist du total verrückt?«, brüllte sie, während in ihrem Gesicht ein paar prächtige Flecken auftauchten. »Verpuff dich samt Puppe zu Mama!«

»Pfffft«, machte Paula. »Und dich soll die Sintflut holen und den Gully runtergurgeln. Samt Jörgi.«

Da ließ Vera verträumt die Augenlider hängen. »Weißt du, Jörgi hat seinen Rettungsschwimmer. Der kann durch das ganze Becken tauchen ohne Nasezuhalten. Für den ist so ein Gully null problemo.« Dann wedelte sie mit dem Telefonhörer in Richtung Tür. »Und nun zieh Leine, Paula.«

Das tat Paula. Sie zog an der Leine, die das Telefon mit der Buchse verband. Sie zog, bis das Telefon zu Boden glitt und nur noch leise vor sich hin piepste. Dann ging sie in die Küche, wo Mama Eier auf den Schüsselrand schlug.

»Du, Mama«, sagte Paula.

»Sofort, Süße«, sagte Mama und Paula krabbelte auf die Küchenbank. Sie ließ die Beine baumeln und beobachtete den langsam größer werdenden Fleck an der Decke, der wie 'ne Qualle aussah.

»Mama, du«, sagte Paula.

»Sofort, Süße«, wiederholte Mama und warf ein paar Eierschalen in den Mülleimer.

»Du, ich erzähl' Prinzessin eine Geschichte bis ›sofort‹«, sagte Paula.

»Großartig«, lobte Mama.

»Du darfst ruhig zuhören.«

Mama nickte und lächelte.

»Es war mal 'ne Prinzessin«, fing Paula an. »Die war die schönste Prinzessin, die du je gesehen hast.«

Mama grinste.

»Doch eines Morgens fiel ihr Kopf in ein Brot mit dick Schokolade drauf.«

Mama schaute Paulas schokoladenschwarze Puppe an und kicherte.

»Da kam die Königin, zog das Brot aus den Prinzessinnenhaaren und ließ der Prinzessin ein Bad ein. Ein Bad mit unheimlich viel Schaum. Hörst du auch zu, Mama?«

»Aber natürlich, Süße«, sagte Mama und angelte die Milchtüte aus dem Kühlschrank.

»Aber der Wasserhahn ging nicht mehr zu, Mama.«

»Ja, der klemmt manchmal«, lachte ihre Mutter.

»Das Wasser lief auf den Fußboden und meine Socken wurden nass. Pitschnass. Da bin ich schnell runter, um zu fragen, ob mir jemand hilft …«

Entsetzt drehte sich Mama um. Die Milchtüte rutschte ihr aus der Hand und flatschte zu Boden. »Was, was, was?«, rief sie.

Und der erste Wassertropfen fiel vom Badezimmer durch die Decke und landete – plop – auf Mamas Nasenspitze.

Keine Zeit für Paula

Renate Ahrens-Kramer

Das Bild mit der Kuh

»Träum nicht. Anziehen«, rief Mutter.

Meike zog sich nicht gern an. Lieber malte sie schnell noch ein Bild oder sah den Meisen im Vogelhäuschen zu. Das hatte Vater ihr zum Geburtstag geschickt. Sie war nämlich schon sieben.

Manchmal trug sie zwei verschiedene Kniestrümpfe, natürlich nur aus Versehen. Sie hatte einen braunen Pferdeschwanz, blaue Augen und war kleiner als die anderen in der Klasse.

»Dafür malst du wunderschöne Bilder«, hatte Mutter einmal gesagt, als sie deswegen geweint hatte. Und das stimmte. Alle mochten ihre Bilder.

»Müsli?«, fragte Mutter.

Meike nickte. Müsli ging am schnellsten. Also aß Meike Müsli zum Frühstück.

»Weißt du was?« Meike kaute mit vollen Backen.

»Nein«, sagte Mutter, während sie ihr noch rasch ein Schulbrot schmierte.

»Bald ist unsere Tierzeitung fertig.«

»Da bin ich aber gespannt.«

Seit Wochen dachte Meike an nichts anderes. Die Zeitung war ihre Idee gewesen, weil sie gerne Tiere malte. Elisa dachte sich Geschichten dazu aus und Susanne mit ihrer schönen Schrift schrieb alles in ein großes Heft.

»Komm, Meike, wir müssen los.« Mutter nahm sie immer im Auto mit zur Schule und fuhr dann weiter zur Praxis von Dr. Seegers, wo sie als Sprechstundenhilfe arbeitete.

Heute waren wieder alle Ampeln rot und Mutter wurde ungeduldig. Dabei machte es Meike gar nichts aus, wenn sie zu spät kam. Nur dem Lehrer, Herrn Hagemann, passte es nicht.

»Gerade noch geschafft«, sagte Mutter, als sie vor der Schule hielten.

»Tschüs«, rief Meike und gab Mutter zum Abschied einen Kuss, bevor sie ausstieg. Sie war in Gedanken bei dem kleinen Nashorn, das sie morgens im Bett gemalt hatte. Es war grün mit einem roten Horn. Gleich, in der Rechenstunde, würde sie das zweite Nashorn malen, ein viel größeres. Denn sie brauchte ein großes und ein kleines Nashorn für ihre Nashorngeschichte.

»Was ist das denn?«, fragte Herr Hagemann und runzelte die Stirn.

»Ein Nashorn«, antwortete Meike und wunderte sich über Herrn Hagemann, denn man konnte das Nashorn wirklich gut erkennen.

»Meike, wie willst du das Rechnen lernen, wenn du immer nur malst?«

Das wusste Meike auch nicht, aber sie schob das Nashorn erst mal unter den Tisch.

»Hast du wenigstens diesmal deine Hausaufgaben gemacht?«, fragte Herr Hagemann.

»Oh, die hab ich vergessen«, murmelte Meike und biss sich auf die Unterlippe. Rechnen war das Einzige, was sie immer wieder vergaß.

»Meike, Meike«, seufzte Herr Hagemann. »Versprichst du mir, dass du dir von jetzt an etwas mehr Mühe gibst? Sonst muss ich mal mit deinen Eltern reden.«

»Mein Vater wohnt aber nicht bei uns«, sagte Meike leise, doch da war Herr Hagemann schon weitergegangen.

»Heute Nachmittag gehen wir zu Susanne«, flüsterte Elisa ihr zu.

Elisa und Susanne waren ihre besten Freundinnen. Bei Elisa zu Hause war immer viel Wirbel, weil sie noch drei kleinere Geschwister hatte. Stundenlang konnten sie dort auf dem Teppich liegen und malen und schreiben und schnipseln und kleben. Manchmal rief Susannes Mutter an und fragte, wo Susanne denn nur wieder bliebe. Dabei fuhr Elisas Mutter immer alle um sechs Uhr nach Hause.

Wenn Meikes Mutter ihren freien Nachmittag hatte, kamen Elisa und Susanne zu Meike. Dann kochte Mutter ihnen Kakao und sie lasen ihr eine neue Geschichte vor und zeigten ihr die neuesten Bilder.

Bei Susanne waren sie noch nie gewesen.

»Erlaubt deine Mutter, dass wir zu euch kommen?«, fragte Meike Susanne in der Pause.

Alle wussten, dass ihre Eltern sehr streng waren.

»Bestimmt«, antwortete Susanne, aber ihre Stimme klang nicht so sicher.

»Sag ihr, dass wir die Bude auf den Kopf stellen wollen«, rief Elisa und fing an zu kichern.

Meike sah, dass Susanne es schon mit der Angst kriegte. »War doch nur Spaß«, sagte sie und knuffte Susanne ein bisschen. »Du musst nicht immer alles glauben.«

In der letzten Stunde hatte sie Zeichnen. Nachdem Meike das Nashorn fertig hatte, versuchte sie ein Krokodil. Krokodile waren ganz schön schwer.

Es war einmal ein Krokodil, das hatte Masern, stand auf einem kleinen Zettel, den Elisa ihr zuschob. Da fiel es Meike schon leichter, ein Krokodil zu malen.

»Wir treffen uns heute bei Susanne«, verkündete Meike beim Mittagessen und nahm sich noch einen Kartoffelpuffer. Kartoffelpuffer waren ihr Lieblingsessen.

»Dürft ihr das denn?«, fragte Mutter. »Susannes Eltern sind doch so streng.«

»Hmm«, antwortete Meike. »Weißt du, dass Susanne beim Essen keinen Ton sagen darf?«

»Wirklich?« Mutter blickte sie ungläubig an. »Arme Susanne.«

Um halb drei war Meike mit Elisa an der Ecke verabredet. Sie hatte all ihre fertigen Zeichnungen bei sich. Außerdem noch einen leeren Block, die Filzstifte und sogar Wasserfarben. Elisa brauchte für ihre Geschichte nicht so viel Gepäck, nur ein Heft und einen Stift.

»Warum wolltest du heute unbedingt zu Susanne?«, fragte Meike.

»Weiß ich auch nicht genau«, antwortete Elisa. »Ist mal was anderes.«

Susanne wohnte in einem großen Haus mit Garten. Der Rasen sah so ordentlich aus, als ob nie jemand darauf spielen würde.

Elisa drückte auf den Klingelknopf. Nach ein paar Sekunden wurde die Tür aufgerissen und Susannes Mutter stand vor ihnen.

»Tag, Frau Teichert«, sagte Meike.

Jetzt kam auch Susanne, blieb aber halb verdeckt hinter ihrer Mutter stehen.

»Dürfen wir heute bei Ihnen unsere Zeitung machen?«, fragte Elisa.

Frau Teichert blickte von einer zur anderen. »Wer von euch ist Elisa?«, fragte sie streng.

»Ich«, antwortete Elisa leise.

»Du darfst hereinkommen.«

»Und Meike?«, fragte Elisa schon etwas lauter.

»In unser Haus kommt niemand, der in ungeordneten Verhältnissen lebt«, sagte Frau Teichert und machte einen kleinen, spitzen Mund. »Ich habe ja leider erst heute davon erfahren.«

Susanne verzog das Gesicht und fing an zu weinen.

»Dann komme ich auch nicht«, sagte Elisa, drehte sich um und zog Meike hinter sich her.

Auf dem Nachhauseweg war Meike ganz still, sogar als Elisa sagte, dass das Krokodil mit Masern ihr Lieblingstier sei.

Als Mutter nach Hause kam, saß Meike in ihrem Zimmer und blätterte in einem Buch.

Ihre Malsachen lagen in der Ecke.

»Was ist los?«, fragte Mutter.

»Ich male nie wieder«, antwortete Meike.

»Warum denn nicht?«, rief Mutter erschrocken. »Das tust du doch am allerliebsten.«

Meike sagte kein Wort, sondern sah wieder in ihr Buch. Sie las nicht richtig, sie tat nur so. Leise ging Mutter aus dem Zimmer.

Später, als Meike die Meisen im Vogelhäuschen beobachtete, musste sie auf einmal weinen. Sie wusste auch nicht genau, warum.

Beim Abendbrot merkte Mutter, dass sie rote Augen hatte.

Sie streichelte sie im Nacken, dort, wo sie es so gern hatte. Aber sie fragte nichts. Und das war Meike auch recht so.

Als sie schon im Bett lag und Mutter kam, um ihr Gute Nacht zu sagen, fragte Meike, was ungeordnete Verhältnisse seien.

Mutter sah sie erstaunt an. »Wie kommst du darauf?«

»Frau Teichert hat gesagt, dass in ihr Haus niemand kommt, der in ungeordneten Verhältnissen lebt. Und dann hat sie mich nicht reingelassen. Dabei ist es doch bei uns gar nicht so unordentlich.«

Mutter schüttelte ärgerlich den Kopf. »Auf Frau Teichert hörst du besser nicht. Die redet Unsinn.«

»Warum hat sie das denn gesagt?«, fragte Meike.

»Weil wir nicht mit deinem Vater zusammenleben. Deshalb«, antwortete Mutter.

Sie blieb noch eine Weile an Meikes Bett sitzen und las ihr eine Geschichte vor.

»Trotzdem sind wir eine richtige Familie«, sagte sie plötzlich mittendrin.

Daran merkte Meike, dass Mutter nicht ganz bei der Sache war.

Nachdem sie die Geschichte zu Ende gelesen hatte, nahm sie Meike in die Arme und gab ihr einen Kuss auf die Stirn. »Schlaf gut.«

Meike hatte sich schon auf die Seite gerollt, als sie Mutter murmeln hörte: »Dumme Kuh.«

Da überlegte sich Meike, dass sie am nächsten Morgen ein neues Bild malen würde, ein Bild mit einer Kuh. Und die würde sie Frau Teichert nennen.

Milan

Ein Dorf mit Namen Orf

Es war einmal ein Dorf. Ein kleines Dorf. Das Dorf Orf. Dieses Dorf mit Namen Orf war wirklich ein kleines Dorf. Es lag in einem grünen Tal mit Namen Al, neben einem Fluss mit Namen Luss. Hinter dem Dorf mit Namen Orf stand ein Berg, ein Berg mit Namen Erg. Der Berg Erg war ganz grün. Natürlich war der Berg Erg grün, denn dort stand ein kleiner Wald. Ein Wald mit Namen Ald. In diesem Wald gab es einen Bach mit Namen Ach und einen Teich mit Namen Eich. So war das.

In diesem Dorf mit Namen Orf lebte ein Junge mit Namen Unge. Der Junge Unge liebte Geschichten und er hatte schon viele Bücher gelesen. Alles, was er gelesen hatte, erzählte er seiner allerbesten Freundin. Sie lebte in dem Wald mit Namen Ald zwischen dem Bach mit Namen Ach und dem Teich mit Namen Eich. Sie war eine Schlange, eine echte Schlange mit Namen Ange.

Schlange Ange und Junge Unge waren wirklich sehr gute Freunde. Na ja, manchmal haben sie sich auch gestritten, wie das viele andere gute Freunde auch tun. Aber der Streit dauerte nie lange und am Ende schlossen sie immer Frieden und wurden nur noch bessere Freunde.

Das wusste jeder in diesem Dorf mit Namen Orf. Und alle wussten noch etwas: Die Schlange Ange war eine sehr gefährliche Schlange. Sehr, sehr gefährlich. Nicht für die Kinder. Ein Kind hatte sie noch nie gebissen. Manche Erwachsene aber schon, nämlich die, die ihren Kindern keine Geschichten vorlesen wollten.

Das wusste jeder in diesem Tal mit Namen Al und deshalb hatte hier keiner vor der Schlange Ange Angst.

Eines Tages kam eine neue Familie ins Dorf Orf. Die Familie mit Namen Amilie. Die Familie Amilie war eine kleine Familie. Die Mama mit Namen Ama, der Papa mit Namen Apa und ein Mädchen mit Namen Ädchen. Das Mädchen Ädchen war ein sehr kleines Mädchen. Es hatte eine Puppe mit Namen Uppe, eine Katze mit Namen Atze und einen Hund mit Namen Und.

Am Abend nach dem Abendessen besuchten die Schlange Ange und der Junge Unge gemeinsam die Familie mit Namen Amilie. Es war schon dunkel, als sie dort ankamen. Die Schlange Ange schlängelte sich zum Fenster hoch, ohne ein einziges Geräusch zu machen. Das Fenster war geöffnet und Ange konnte sehen, wie der Hund Und und die Katze Atze miteinander »Tier ärgere dich nicht« spielten.

Der Junge Unge kletterte zu dem zweiten Fenster, auch ohne ein einziges Geräusch zu machen. Dieses Fenster war ebenfalls geöffnet und Unge sah, wie die Puppe mit Namen Uppe schon schlief, das Mädchen Ädchen aber noch wach war. Es hielt ein Buch in den Händen, aber leider konnte es nur die Bilder anschauen, denn lesen hatte es noch nicht gelernt. Das war schade, denn es war ein sehr spannendes

Buch mit einer sehr spannenden Geschichte. Es war die Geschichte über die verrückte Eisenbahn.

Darum war das Mädchen traurig, sehr, sehr traurig. Als das auch die Schlange Ange sah, schlängelte sie sich sofort zum dritten Fenster. Dieses Fenster stand auch offen.

Sie guckte in das Zimmer und – oh, weh! Dort saß die Mama Ama, schaute in den Fernseher und trank ein Glas Bier. Der Papa Apa saß daneben, guckte auch fern und strickte.

»Oh, nein«, sagte die Schlange Ange, »so geht das nicht. Nicht mit mir.« Sie schlängelte sich durch das Fenster ins Zimmer, ohne ein einziges Geräusch zu machen. Mama Ama und Papa Apa bemerkten sie nicht. Schlange Ange kroch langsam zu Mama Ama und Papa Apa und biss sie nacheinander leicht in den Fuß.

Es dauerte nicht lange, da hatten beide plötzlich die Idee, mal nach ihrer Tochter zu sehen, und gingen schnell in das Zimmer zum Mädchen Ädchen.

Die Mama mit Namen Ama nahm ihrer Tochter das Buch aus den Händen und begann gleich laut zu lesen. »Es war einmal eine verrückte Eisenbahn. Sie wohnte …«

Weiter kam sie nicht, denn Papa Apa nahm ihr das Buch weg und las selber weiter: »Sie wohnte in einem kleinen Spielzeuggeschäft …«

Schon versuchte Mama Ama ihm das Buch wieder aus der Hand zu nehmen, um fortzufahren, aber Papa Apa ließ es nicht los.

So konnte keiner weiterlesen.

Mama und Papa konnten sich nicht einigen, wer die Geschichte vorlesen sollte. Ein Wort ergab das andere und sie begannen miteinander zu streiten. Der Streit war laut, aber er dauerte nicht lange.

Denn noch lauter als Mama und Papa sagte nun das Mädchen Ädchen: »Bitte hört doch auf zu streiten. Einmal kann ja Mama mir etwas vorlesen und beim nächsten Mal Papa.«

Damit waren die Eltern einverstanden. Die Mama Ama nahm das Buch und begann mit klarer Stimme die spannende Geschichte vorzulesen.

Ädchen und ihr Vater waren glücklich. Ganz gespannt hörten sie zu, denn die Geschichte von der verrückten Eisenbahn war wirklich sehr aufregend.

Und die Schlange Ange und der Junge Unge gingen zufrieden wieder nach Hause.

Ulrike Schultheis

Maximilian, das Gespensterkind

Maximilian ist ein Gespensterjunge. Er wohnt mit seiner Mama und seinem Papa in einer alten, verfallenen Burg oben auf einem grünen Hügel. Von hier aus kann man wunderbar nach unten auf die hell erleuchtete Stadt schauen.

Das macht Maximilian sehr oft. Denn es ist schrecklich langweilig auf der alten Burg. Es gibt keine anderen Gespensterkinder zum Spielen und Geschwister hat Maximilian auch nicht.

Eines Nachts sitzt Maximilian wieder einmal einsam und traurig auf der höchsten Spitze des Turmes und starrt auf die funkelnden Lichter der Stadt. Aufregend sieht das aus und abenteuerlich!

Wie gerne würde er einmal nach unten fliegen und sich alles genau anschauen. Aber Mama und Papa sind so schrecklich ängstlich. Alles, was richtig spannend ist, finden sie gefährlich. Besonders vor den Menschen haben sie Angst. Menschen jagen nämlich Gespenster und vertreiben sie aus ihren gemütlichen Verstecken.

»Gemein«, seufzt Maximilian. »Da muss ich wohl wieder mit den Fledermäusen spielen!«

Die Fledermäuse hängen mit dem Kopf nach unten an den

Dachbalken im Turm. Maximilian holt ganz tief Luft, sodass seine Backen fast platzen, und pustet mit aller Kraft.

Hui, wie sich die Fledermäuse erschrecken und aufgeregt zum Fenster hinausflattern! Das macht ziemlich Spaß, aber mit der Zeit wird auch dieses Spiel langweilig.

Wenn es doch nur ein anderes Gespensterkind auf der Burg gäbe! »Vielleicht sollte ich in der Stadt nach einem Menschenkind suchen«, denkt Maximilian. »Mama und Papa sind einfach viel zu ängstlich!«

Und wusch!, fliegt Maximilian fort von seiner sicheren Burg hinunter in die hell erleuchtete Stadt.

Puh, ist das anstrengend. So lange ist Maximilian noch nie geflogen. Bald ist er völlig erschöpft.

»Hilfe, ich stürze ab!«

In letzter Sekunde erwischt Maximilian den Wipfel eines Baumes mitten in einem kleinen Park.

»Uhuuu, was machst du denn hier?«, heult eine Stimme neben ihm.

Beinahe wäre Maximilian vor Schreck von seinem Ast gefallen, aber dann sieht er, dass es eine Eule ist. Eulen gibt es genug auf einer Burg – die machen einem kleinen Gespenst doch keine Angst! Zum Glück ist es nicht die alte Burg-Eule Luise, die hätte sicher bei den Gespenster-Eltern gepetzt!

»Ich suche ein Menschenkind zum Spielen«, erzählt Maximilian. »Kannst du mir helfen?«

»Lass das bloß sein«, warnt ihn die Eule. »Menschen sind sehr gefährlich. Flieg schnell nach Hause und komme nie wieder hierher!«

Aber Maximilian hat keine Lust mehr auf besorgte Ratschläge und flattert lieber weiter, hinaus aus dem Park und auf die große Straße zu.

Obwohl es tiefe Nacht ist, sind noch ein paar Autos unterwegs.

»Mama, Hilfe! Da sind große Ungeheuer mit funkelnden Augen!«, piepst Maximilian voller Panik und flüchtet in einen dunklen Höhleneingang.

Natürlich gibt es in einer Stadt keine Höhlen, aber das weiß das Gespensterkind nicht.

Hektisch flattert Maximilian immer tiefer in einen U-Bahn-Schacht hinein. Unten auf dem Bahnsteig fährt gerade ein Zug ein und viele Menschen drängen in die Wagen.

Maximilian gerät völlig außer sich! »Ein Drache, ein Drache!«, schreit er. »Er frisst alle Menschen auf!« Zitternd vor Angst quetscht er sich hinter einen Mauervorsprung.

Dort findet ihn eine freundliche Ratte.

Vor Ratten fürchtet sich Maximilian nicht. Die gibt es mehr als genug auf seiner Burg!

»Hör auf zu weinen«, schnarrt sie. »Das war kein Drache. Das ist nur ein Zug. Damit können die Menschen unter der Erde fahren. Komm, ich zeige dir den Weg nach draußen. Folge mir einfach durch diese Röhre! Aber sei vorsichtig und bleib ganz nah an der Wand.«

Zitternd schwebt Maximilian hinter der dicken Ratte nach draußen.

Er möchte jetzt nur noch nach Hause zu seiner Mama und seinem Papa. Es ist ihm auch egal, wenn sie mit ihm schimpfen und er vielleicht Burgarrest bekommt.

Aber – o Schreck! Er weiß den Weg nicht mehr. Ganz verzweifelt fliegt er schließlich los, irgendwohin.

Er fliegt und fliegt und langsam verlassen ihn alle Kräfte. Er ist müde, traurig und schrecklich allein. Um sich ein wenig auszuruhen, landet er in einem kleinen friedlichen Garten auf dem Rasen.

Da kommen zwei glühende Punkte auf ihn zu!

Sie gehören dem Hauskater Moritz. Zum Glück ist Moritz ein freundlicher Kater. Er kennt zwar den Weg zur Burg auch nicht, aber er erzählt dem unglücklichen Gespensterkind von den Menschen und das klingt ganz anders als alles, was Maximilian bisher gehört hat.

»Meine Menschen sind sehr lieb. Sie geben mir zu fressen, sie kraulen mich am Hals und das kleine Mädchen spielt immer mit mir. Es heißt Klara. Manchmal erlaubt es mir sogar bei ihm im Bett zu schlafen, aber das dürfen seine Mama und sein Papa nicht wissen! Klara kann dir bestimmt helfen!« Ob Maximilian der Katze trauen soll?

Durch die Katzenklappe lässt Moritz das kleine Gespenst ins Haus. Ganz fremd ist es hier und unheimlich! Außerdem hat Maximilian von all den Anstrengungen furchtbaren Durst bekommen. Gibt es nicht vielleicht irgendwo eine Tonne mit frischem Regenwasser?

»Komm mit«, schnurrt Moritz. »Klara hat heute Abend ihr Glas nicht leer getrunken. Du kannst dir den Rest nehmen.«

Vorsichtig nimmt Maximilian das Glas und kippt den roten Saft in sich hinein. Aber was ist das? Moritz bekommt riesengroße Augen. Weil das Gespenst durchsichtig ist, sieht man, wie der rote Saft durch die Speiseröhre in den Magen läuft.

Maximilian sieht aus wie eine Leuchtkugel! Wie praktisch, da kann er sich gleich den Weg in Klaras Zimmer leuchten.

Moritz hat ihm begeistert von der Hilfsbereitschaft des kleinen Mädchens erzählt. Aber dennoch fürchtet sich Maximilian noch ein bisschen vor dem fremden Menschenkind.

Im Kinderzimmer springt der Kater auf Klaras Bett und stupst sie mit der Pfote an. Das macht er immer so, wenn er sie wecken will.

Klara wacht auch sofort auf. Verschlafen blinzelt sie ins Dunkel und entdeckt das leuchtende Gespenst. Mit einem Schrei setzt sie sich im Bett auf.

Auch Maximilian ist furchtbar erschrocken.

»Hilfe, bitte tu mir nichts!«, rufen alle beide voller Angst.

Nur Moritz schnurrt zufrieden.

Wenn ihr Kater keine Furcht zeigt, kann es ja nicht so schlimm sein, denkt Klara, und redet sanft auf das zitternde Gespenst ein.

Da fasst auch Maximilian Mut und erzählt von seinem Unglück.

Und tatsächlich weiß Klara, wie ihr neuer Freund wieder nach Hause finden kann.

Sie öffnet ihr Fenster. »Schau, da drüben auf dem Hügel kannst du eure Burg sehen. Sie ist die ganze Nacht hell erleuchtet. Du brauchst nur aus meinem Fenster und dann immer geradeaus zu fliegen, dann kommst du direkt zu deinen Eltern.«

Maximilian kann es kaum glauben. Da liegt wirklich seine Burg! Warum hat er sie bloß vorher nicht gesehen?

Vor lauter Glück umarmt er Klara ganz fest. Für Klara fühlt

Maximilian, das Gespensterkind

sich das ganz komisch an. Als würde sich ein feuchter Schleier um ihre Schultern legen!

Klara ist ganz traurig, dass Maximilian gleich losfliegen möchte. Aber er ist so müde, dass er sonst vielleicht den Weg vor Sonnenaufgang nicht mehr schafft.

Seine neue Freundin will er aber unbedingt wieder sehen. »Besuch mich doch auf der Burg. Ich stelle mir in der nächsten Zeit meinen Wecker, damit ich den Tag nicht verschlafe. Ich warte immer zum Fünf-Uhr-Schlag der Kirchturmuhr hinter dem kleinen Wachhäuschen auf dich!«

Bevor Maximilian davonschwebt, muss er schnell noch ins Gebüsch. Jetzt ist der rote Saft wieder draußen und Maximilian leuchtet nicht mehr. Wie ein zartes Wölkchen erhebt er sich in die Luft und winkt mit seiner Hand wie mit einem weißen Taschentuch.

Bis bald, Klara!

Sigrid Heuck

Pony, Bär und der große Frieden

Jedes Jahr im Herbst, wenn die Blätter von den Bäumen fielen, besuchte der Bär das Pony in seinem Haus auf der Wiese mitten im Wald und sie aßen Äpfel, bis ihre Bäuche so dick waren wie aufgeblasene Luftballons.

Doch weil sie so gern Äpfel aßen, warteten sie oft nicht bis sie reif waren, sondern aßen sie grün. Davon bekamen sie Bauchweh. »Aua«, jammerte das Pony und der Bär sagte: »Wir müssen warten, bis sie reif sind.«

Also warteten sie. Zuerst war ein Apfel reif, dann zwei, dann drei, dann vier, dann fünf, dann sechs, dann sieben, dann acht, dann neun und schließlich zehn.

»Morgen ist es soweit«, sagte das Pony und es freute sich schon. Doch am Abend klopfte es an die Tür des Hauses. Draußen stand ein großer Hirsch.

»Ich esse so schrecklich gern Äpfel«, sagte er. »Ihr habt so viele. Schenkt ihr mir einen?«

Der Bär versprach es ihm. »Morgen früh schütteln wir den Baum, dann bekommst du einen Apfel.« Der Hirsch war zufrieden.

Kaum hatte der Bär die Tür wieder geschlossen, pickte ein

kleiner Vogel ans Fenster. »Ach bitte«, zwitscherte er, »gebt mir einen Apfel!«

»Selbstverständlich«, brummte der Bär. »Komm morgen früh. Dann bekommst du einen.«

»Danke«, piepste der Vogel.

Kurz darauf kratzte es an die Tür. Es war ein kleiner Igel. »Hier riecht es so gut nach Äpfeln«, murmelte er bescheiden. »Äpfel sind meine Leibspeise.«

Der Bär versprach ihm einen. Da trollte sich der Igel wieder, und der Bär und das Pony legten sich schlafen.

Doch mitten in der Nacht weckte sie lautes Gepolter. »Was ist das!«, schrie das Pony erschrocken.

»Wie könnt ihr dem Hirsch einen Apfel versprechen und mir keinen?«, grunzte das Wildschwein wütend.

»Du hast uns nicht gefragt«, antwortete das Pony. »Komm morgen früh, wenn die Sonne aufgeht, dann bekommst du auch einen Apfel.«

Doch in derselben Nacht kamen noch der Hase, das Eichhörnchen, die Eule, der Dachs, das Wiesel und ganz zum Schluss die kleine Waldmaus. »Ich habe acht hungrige Kinder«, piepste sie, »und brauche Wintervorrat.«

Der Bär und das Pony versprachen jedem einen Apfel.

Am nächsten Morgen, als die Sonne hinter dem Wald in die Höhe stieg, trat der Bär vor das Haus und klatschte in seine Tatzen. »Die Äpfel sind reif!«, rief er laut. »Jeder, der gern einen Apfel haben möchte, soll kommen!«

Da kamen alle Tiere, um sich einen Apfel zu holen.

Der Bär schüttelte die Äpfel vom Baum und begann zu zählen: »Eins«, zählte er, »zwei, drei, vier, fünf, sechs, sieben, acht, neun, zehn.« Doch dann zählte er die Tiere: »Eins ist der Hirsch, zwei der Vogel, drei der Igel, vier das Wildschwein, fünf das Eichhörnchen, sechs die Eule, sieben der Dachs, acht das Wiesel, neun der Hase, zehn die Waldmaus, zusammen mit ihren acht Kindern gibt das 18, dazu das Pony und ich, sind 20.«

»Da reichen die Äpfel ja nicht!«, rief das Eichhörnchen erschrocken.

»Wie schade!«, murmelte der Igel bekümmert.

»Ich hatte mich schon so gefreut«, piepste der kleine Vogel.

»Jetzt müssen meine Kinder verhungern!«, jammerte die Waldmaus.

Der Hirsch und das Wildschwein sagten gar nichts. Sie stürzten sich gleich auf die Äpfel. Der Dachs folgte ihrem Beispiel. Schon war eine Rauferei im Gang. Der Hirsch stampfte auf den Boden. Das Wildschwein biss ihn ins Bein. Der Hase trampelte auf dem Dachs herum. Der kleine Vogel pickte den Igel in die Nase. Die Eule kniff das Eichhörnchen ins Ohr.

»Hilfe, hilfe!«, kreischte die kleine Maus.

»Halt, halt!«, schrie der Bär. »So fängt ein Krieg an. Wir müssen verhandeln!«

Da hockten sich alle Tiere um das Pony und den Bären herum und verhandelten.

»Wir haben zehn Äpfel für 20 Tiere«, brummte der Bär. »Da gibt es zwei Möglichkeiten.«

»Und die wären?«, fragte der Hirsch.

»Entweder zehn von euch bekommen in diesem und die anderen zehn im nächsten Jahr jeder einen Apfel oder wir teilen die Äpfel und jeder bekommt nur eine Hälfte.«

»Das ist ungerecht«, schimpfte der Hirsch. »Ich bin so groß und die Maus so klein.«

»Für dich ist ein Apfel ein Leckerbissen«, entgegnete ihm der Bär. »Für die Maus ist er lebenswichtige Nahrung.«

Da war der Hirsch still. Und der Bär brach die Äpfel auseinander und verteilte sie.

Und somit war der große Frieden im Wald wieder hergestellt. Pony und Bär aßen zufrieden ihren halben Apfel. »Wenn's nur immer so bliebe!«, seufzten sie und waren glücklich.

Gabriele Beyerlein

Kathrin geht verloren

Kathrin sitzt auf Papas Schultern. Von dort oben kann sie alles sehen: die Geisterbahn und die Losbude, das Riesenrad und die Wildwasserrutsche, und überhaupt das ganze Volksfest. Dicht an dicht drängen sich die Menschen um sie. Kathrin ist größer als sie alle. Wenn sie wollte, könnte sie ihnen auf die Köpfe spucken. Will sie aber nicht. Kathrin will lieber Kinderkarussell fahren und dabei auf dem roten Elefanten reiten oder dem weißen Pferd.

»Darf ich Karussell fahren?«, fragt sie ihren Papa.

»Vielleicht später!«, sagt er. »Erst will ich ein Fischbrötchen. Du auch?«

»Bäh!«, macht Kathrin.

Papa lacht, hebt Kathrin von den Schultern und stellt sich bei dem Fischstand an.

Jetzt kann Kathrin nichts mehr sehen. Nur noch dicke Bäuche, Jeansjacken und Fischbrötchen hinter Glas. Langweilig ist das. Da schaut sie sich doch lieber das Karussell an. Bis Papa endlich sein Brötchen hat, ist sie längst wieder zurück.

Sie drängt sich zwischen den Leuten auf die andere Seite der Gasse durch. Das ist gar nicht so einfach. Dauernd wird sie geschubst und angerempelt. Und dann wird sie plötzlich zur Seite geschoben, immer weiter die Gasse hinab, immer weiter von dem Karussell weg und von der Fischbude und von Papa. Sie will umkehren, aber das geht nicht, die Leute drücken sie einfach weiter.

Endlich schafft sie es, aus dem Gewühl herauszukommen und sich am Rand wieder zurückzuschlängeln. Aber sie findet das Karussell nicht mehr, und die Fischbude und Papa auch nicht.

»Papa!«, ruft sie ganz laut. »Papa!«

Keine Antwort.

Bestimmt sucht er sie, aber er kann sie nicht hören, weil es so laut ist, und er kann sie nicht sehen, weil sie so klein ist.

Überall stehen die vielen Leute um sie herum und keiner hilft ihr. Kathrin heult, die Tränen laufen ihr über das Gesicht. Vielleicht sieht sie Papa nie wieder. Und Mama auch nicht, die daheim auf sie wartet, denn Kathrin weiß nicht, wie sie allein nach Hause gelangen soll.

»Bitte alles einsteigen!«, ertönt eine durchdringende Stimme aus dem Lautsprecher hinter ihr. Kathrin dreht sich um. Auf den Stufen eines Fahrgeschäftes steht eine Frau mit lila Haaren und spricht in ein Mikrofon.

Da hat Kathrin eine Idee. Sie klettert zu der Frau hinauf. »Darf ich das bitte mal haben?«, sagt sie und zeigt auf das Mikrofon.

»Warum?«, fragt die Frau mit den lila Haaren und guckt ziemlich verdattert.

»Weil ich meinen Papa verloren habe«, erklärt Kathrin.

»Na dann!«, meint die Frau und gibt es ihr.

Kathrin hält es sich vor den Mund. »Papa!«, ruft sie und hört ihre eigene Stimme ganz laut von rechts und von links und von hinten. »Papa, hörst du mich? Hier ist Kathrin! Ich wollte doch nur zum Karussell, und jetzt – Papa!«

»Sag ihm, du bist hier an der Wildspitzbahn!«, hilft ihr die Frau mit den lila Haaren weiter und lächelt ihr zu.

»Ich bin hier an der Wildspitzbahn!«, wiederholt Kathrin. Dann setzt sie sich auf die Stufen und wartet.

Und da sieht sie Papa. Er kommt zu ihr herauf und hebt sie hoch und drückt sie und drückt sie.

»Mensch, Kathrin!«, sagt er. »Das mit dem Lautsprecher, das war eine tolle Idee von dir! Ich habe schon befürchtet, ich finde dich nicht mehr!« Er wuschelt ihr durch die Haare. »Aber dass du weggelaufen bist, das war nicht gut, hörst du?«

Kathrin nickt. »Das mache ich auch nicht mehr!«, verspricht sie.

»Na, da bin ich aber froh!«, meint Papa. »Ich habe nämlich solche Angst um dich gehabt!«

»Musst du doch nicht!«, sagt Kathrin und gibt ihm einen Kuss auf die Backe. »Musst du doch nicht.«

Edith Schreiber-Wicke

Anton und die B-Sprache

Am Morgen erwachte Anton mit einem drückenden Gefühl. Er betastete Bauch, Kopf und Zehen. Alles war in Ordnung. Also musste es das Gewissen sein. Richtig. Er hatte ja gestern die Besucher seiner Mutter verärgert. Auf jede Frage hatte er mit einem Spruch aus dem Werbefernsehen geantwortet.

Anton war nicht sicher, wie seine Mutter reagieren würde. Er stand auf, ging in die Küche und sagte betont fröhlich: »Guten Morgen!«

»Guten Morgen«, sagte Antons Mutter. »Du siehst zu viel fern. Als ich klein war, gab's noch keine Werbesprache, dafür aber die B-Sprache. Kebennst dubu diebie Bebesprabachebe?«

Anton vergaß vor Staunen das Frühstück. Der Gedanke, dass auch seine Mutter einmal klein gewesen war, schien ihm immer ein bisschen absurd. Und von der B-Sprache hatte er kein Wort verstanden.

»Es ist ganz einfach: Du wiederholst jeden Selbstlaut – also a, e, i, o, u – mit einem b dazwischen. Reibeichst dubu mibir bibittebe noboch eibein Stübück Brobot?«

»Ge-ber-ne-be«, antwortete Anton ein wenig mühsam. Aber die Sprache gefiel ihm.

Als Anton auf dem Schulweg Thomas traf, der ihn wie immer herumschubsen wollte, sagte Anton nicht ohne Würde: »Labass dabas!«, und ging weiter.

Thomas sah ihm sprachlos nach. Seine Ohren standen vor Staunen noch weiter ab als sonst.

Antons »Gubuteben Moborgeben« wurde von der Klasse nicht erwidert. »Wiebie gebeht ebes eubeuch?«, fragte Anton.

»Der spinnt«, entschied Werner, der Klassenbeste. Und weil er gleichzeitig der Klassenstärkste war, fand sich niemand, der etwas gegen seine Meinung sagte.

Auch der Klassenlehrer schien nie die B-Sprache gesprochen zu haben. Er zeigte wenig Lust, sie als Unterrichtsfach einzuführen. Beim schönen Wort mubultibiplibizibiereben verlor er endgültig die Geduld. Anton sollte zwanzigmal schreiben: Ich darf den Unterricht nicht stören.

Anton löste sorgfältig einen Doppelbogen aus seinem Schulheft und begann zu schreiben: Ibich dabarf deben Ubunteberribicht nibicht stöböreben.

Nach der Schule wartete Anton auf Sibylle.

Eine Weile gingen sie schweigend nebeneinander. Dann fragte Anton – ganz ohne b: »Findest du auch, dass ich spinne?«

Sibylle sagte zunächst gar nichts. Und dann ganz leise: »Neibein, gabar nibicht.«

Da wusste Anton: Es war Liebe.

Bianka Minte-König

Hallo, Hix7!

»Ufos!? Warum nicht gleich fliegende Suppentassen?« Lisa kichert und Tim wirft ein Kuscheltier nach ihr.

»Ziege!«, brüllt er.

Rums!, knallt die Tür zu.

Tim hockt sich auf sein Bett. Blöde Schwester, denkt er. Jeder Mensch weiß doch, dass es Ufos gibt.

Er nimmt sein dickes Ufo-Buch aus dem Regal. Da steht es schwarz auf weiß: *Leben im Weltraum. Besucher aus dem All. Vom Ufo entführt.* Sogar Fotos sind dabei.

»Schluss jetzt!«, ruft Mama. »Zeit zum Schlafengehen!«

In der Nacht wacht Tim auf. Er hat Durst.

Da bemerkt er unter der Tür einen hellen Schein. Komisch, ist da noch Licht im Flur?

Aber das Licht kommt nicht aus dem Flur, sondern aus der Küche. Es flackert weiß, gelb und blau. Ein heller Pfeifton hängt in der Luft.

Tim schleicht näher und späht in die Küche. Er traut seinen Augen kaum. Im offenen Fenster auf der Fensterbank steht ein blitzendes, pfeifendes, glitzerndes Ding.

Ich werd verrückt, denkt Tim. Wenn das kein Ufo ist! Aber es ist winzig klein. Das muss ein Spielzeug sein.

Und was ist das jetzt? Unter Tuten und Piepsen erhebt sich das Ding und fliegt in die Küche herein. Dabei schießt es nach allen Seiten Lichtblitze ab. Rote, gelbe, grüne, blaue. Wie die Raketenbahn auf der Kirmes.

Das Ding düst um die Lampe.

Super, denkt Tim, ein tolles Spielzeug! Bestimmt für meinen Geburtstag. Papa probiert sicher die Fernbedienung aus.

Aber Papa ist nirgends zu sehen.

Das Ufo landet auf dem Küchentisch. Eine kleine Tür öffnet sich und eine winzige Strickleiter fällt heraus.

Tim reibt sich die Augen. Er glaubt zu träumen.

Ein kleines fremdartiges Wesen kraxelt aus dem Ufo und steht plötzlich zwischen Zuckerdose und Milchkännchen auf dem Tisch.

»He, man latscht nicht auf anderer Leute Tischen herum!«, rutscht es Tim heraus.

Das Wesen kriegt einen tüchtigen Schreck, läuft grün an und rennt davon. Auf der Flucht fällt es in die Müslischüssel. Völlig verstreuselt taucht es wieder auf.

Tim muss lachen.

»Lach nicht so!«, zirpt das Wesen mit dünnem Stimmchen. »Hilf mir lieber hier heraus!«

Tim streckt den Zeigefinger aus. Zwei kleine, kühle Hände mit je drei Fingern klammern sich fest. Tim zieht das Wesen aus der Schüssel.

Das ist das coolste Spielzeug, das ich je gesehen habe, denkt er dabei. Wo Papa es wohl herhat?

Das kleine Wesen setzt sich auf einen Löffelstiel und stützt den Kopf in die Hände. Es sieht traurig aus.

»Hast du ein Problem?«, fragt Tim.

Das Wesen nickt. »Mein Antrieb für Hyperspeed funktioniert nicht. Ich habe zu wenig Treibstoff.«

»Was ist das? Hyperspeed?« Tim spricht das schwere Wort ganz vorsichtig aus.

»Damit ist mein Ufo schneller als das Licht. Nur so komme ich zurück in meine Heimat. Sie liegt weit, weit weg von hier im Weltall.«

Jetzt wundert sich Tim aber sehr. Das kann doch nicht sein, dass dieser kleine, grüne Typ da ein echter Außerirdischer ist! Und wenn doch?

»Wieso verstehst du, was ich sage?«

»Ich habe einen Translator dabei. Er übersetzt alles, was wir sagen, in deine oder meine Sprache.«

Tim ist begeistert. »Toll! Ich heiße übrigens Tim und du?«

Der Kleine heißt Hix7 und ist tatsächlich ein Ufopilot. »Ich komme vom Asteroiden RX 311«, verrät er.

»Aber ein Asteroid ist doch nur ein öder Steinbrocken«, wundert sich Tim. »Wie kann man darauf leben?«

Hix ist beleidigt. »Meine Heimat ist nicht öde! Außerdem leben wir nicht auf der Oberfläche des Asteroiden, sondern in seinem Inneren! Wir fliegen durch die Krater hinein. Die Städte schwimmen in einem großen Meer. Licht kommt von der Spitze eines leuchtenden Berges. Es lässt die Pflanzen wachsen. Sie geben uns Essen und Treibstoff für unsere Raumschiffe.« Hix wird wieder traurig. »Und nun ist mein Treibstoff alle und ich kann nie mehr zurück!«

Tim ist jetzt auch besorgt. »Wir haben Autos«, erklärt er, »die fahren mit Benzin. Aber das gibt es nur an Tankstellen.«

Hix wundert sich. »Was ist Benzin?«

»Es stinkt«, sagt Tim, weil ihm nichts anderes einfällt.

Hix verzieht sein kleines Gesicht. »Pfui«, sagt er. »Unser Treibstoff stinkt nicht. Ich glaube nicht, dass dein Benzin mir helfen kann.« Dicke lila Tränen tropfen aus seinen Augen. »Was mache ich nur?«, seufzt er. »Ich bin verloren! Gestrandet in einer fremden Welt!«

»Du weinst ja«, sagt Tim ganz bekümmert.

Da hat er plötzlich eine Idee. »Warte mal«, ruft er, geht zum Küchenschrank und kommt mit drei Flaschen im Arm zurück. Er stellt sie auf den Tisch. »Hier«, sagt er. »Öl wird aus Pflanzen gemacht. Vielleicht geht das.«

Er gießt ein wenig Öl auf den Tisch. Hix schnuppert daran und wird vor Aufregung ganz lila. Er taucht seine Finger hinein. »Zu dick. Es muss flüssiger sein«, sagt er enttäuscht.

Tim entziffert das Ettikett. *Olivenöl, kalt gepresst,* steht darauf. Er nimmt eine andere Flasche. »Das ist Leinöl«, buchstabiert er. Es ist noch dicker.

»Igitt!«, zirpt Hix. »Das verklebt mir den ganzen Antrieb!«

In der letzten Flasche ist Sonnenblumenöl. Hix wird ganz fleckig vor Aufregung. Grün und lila gesprenkelt sieht er nun aus. Er taucht die Hände in das Öl, das Tim auf den Tisch gegossen hat, und leckt sich die Finger ab. »Hurra, hurra! Genau das ist es, was ich brauche. Fast wie der Treibstoff bei uns zu Hause!«

Da ist Tim aber froh!

Hallo, Hix7

»Kann ich mehr davon haben?«, fragt der kleine Außerirdische.

»Klar, so viel du willst. Von dem Treibstoff haben wir hier genug.«

Hix klettert in sein Ufo. Wenig später erscheint ein kleiner Saugrüssel. Schmatzend verschwindet das Öl im Tank des Ufos.

»Ich möchte dir danken«, sagt Hix. »Du bist ein wirklicher Freund. Leg deine Hand auf den Tisch, mach sie auf und schließe die Augen.«

Tim gehorcht. Er fühlte, wie ihm Hix einen kühlen, glatten Gegenstand auf die Handfläche legt.

»Mach eine Faust und öffne sie erst wieder, wenn ich weg bin«, sagt der Kleine. »Leb wohl!«

Als er das Ufo um seinen Kopf herumdüsen hört, öffnet Tim die Augen. Er sieht, wie das winzige Raumschiff blitzend und blinkend zum Fenster hinaus in die Sternennacht fliegt.

Tim öffnet die Faust. Ein blauer Kristall, aus dem ihn ein kleines grünes Gesicht angrinst, liegt in seiner Hand.

»Perfekter Start!«, zirpt sein außerirdischer Freund.

»Wow!«, staunt Tim. »Das ist ja ein Sender! Hallo, Hix7!«

Dann verblasst das Gesicht und Tim weiß, dass sein neuer Freund auf dem Weg in seine Heimat ist. Mit Hyperspeed!

Was für ein Traum, denkt Tim, als er am nächsten Morgen erwacht. Da fällt sein Blick auf seinen Nachttisch, auf dem ein kleiner blauer Kristall funkelt. Behutsam nimmt er ihn in die Hand. »Ufos gibt es doch«, flüstert er. »Ich habe es ja gewusst!«

Hortense Ullrich

Wie der Hund Lucky lesen lernte

Hinweis für vorlesende Eltern, die es eilig haben:
Man kann eine »Abkürzung« durch die Geschichte nehmen, wenn man den kursiv gedruckten Text auslässt.

»Erzählst du mir eine Geschichte?«, bettelte Leo.

»Kann ich machen«, sagte der Vater und setzte sich zu Leo ans Bett. »Also …«, begann er.

»Erzähl mir von Lucky!«, bat Leo.

»Von Lucky?«

»Ja, von dem Hund, den Allyssa bekommen hatte, weil ihre Schwester Leandra einen Frosch gefangen hatte!«

»Ah«, meinte der Vater. »Na gut. Also: Der Hund Lucky lebte schon seit einiger Zeit bei den Schwestern Allyssa und Leandra. Allyssa war sehr glücklich. Endlich hatte sie ein Haustier. Und sogar einen Hund. Leandra war auch glücklich. Allerdings nur halb glücklich, denn …«

» … es war ja nicht ihr Hund. Lucky gehörte Allyssa«, *ergänzte Leo.*

»Genau«, bestätigte der Vater.

»Deshalb gab es auch oft Streit zwischen den beiden! *Stimmt's?«, rief Leo.*

»Ja, leider«, nickte der Vater. »Allyssa beschwerte sich, dass Leandra Lucky immer ärgern würde, weil Leandra Lucky oft Pullover oder Strickjacken und Mützen und Haarschleifen anzog. Leandra aber sagte, Lucky fände das toll. Allyssa war der Meinung, das sei Unsinn. Leandra schimpfte, dass Allyssa sich überhaupt nicht um Lucky kümmern würde. Immer spiele sie bloß mit ihren Freundinnen. Allyssa rief, das sei überhaupt nicht wahr. Aber Leandra schlug vor, dass man Allyssa einfach den Hund wegnehmen und ihn ihr geben solle, weil sie viel öfter mit Lucky spiele.«

»Hat die Mutter das gemacht?«, fragte Leo gespannt.

Der Vater schüttelte den Kopf. »Nein. Die Mutter meinte, das wäre keine so gute Idee, denn Allyssa müsse ja schließlich lernen Verantwortung zu übernehmen und da müsse man ihr auch eine Chance geben. Leandra fand, man solle Lucky entscheiden lassen, wen er lieber möge und wessen Hund er sein wolle.«

»Das ist ein guter Vorschlag«, stimmte Leo zu.

»Die Mutter fragte, wie Lucky das denn entscheiden solle. Leandra meinte, das wäre ganz einfach, man müsste Lucky bloß fragen, wessen Hund er sein wolle. ›Lucky kann aber nicht reden‹, sagte Allyssa. Leandra schlug vor, dass Lucky seine Antwort ja auf einen Zettel schreiben könne. ›Hunde können auch nicht schreiben‹, belehrte Allyssa ihre Schwester. Leandra bot sofort an, Lucky das Schreiben beizubringen, aber Allyssa lachte nur und meinte, Leandra könne ja selbst nicht schreiben. Leandra ärgerte sich und meinte, sie könne sehr wohl schreiben, Allyssa könne es nur nicht lesen. Und gleich war schon wieder der schönste Streit im Gange.«

»Da hat sich bestimmt die Mutter wieder eingemischt«, meinte Leo.

Der Vater lächelte und sagte: »Ja. Die Mutter mischte sich ein und sagte, dass Leandra sehr wohl schon schreiben könne, es könne halt bloß keiner lesen. Aber Leandra könne ihnen ihre Zettel doch vorlesen und dann wüssten alle, was draufsteht.«

»Gut«, nickte Leo.

»Allyssa schmollte und meinte, die Mutter wäre immer auf Leandras Seite und ging in ihr Zimmer. Leandra ging auch in ihr Zimmer. Mit Lucky. Und sie brachte Lucky das Schreiben bei. Und er hat es ganz schnell gelernt.«

»Hat er das wirklich?«, wunderte sich Leo.

»Ja«, sagte der Vater ganz ernsthaft, aber er zwinkerte dabei. »Lucky schrieb einen langen Brief und da stand drin, dass er viel lieber Leandras Hund sein wolle und dass er Allyssa gar nicht leiden könne.«

»Leandra hat den Brief dann vorgelesen«, sagte Leo und zwinkerte ebenfalls.

»Genau.«

»Was hat Allyssa denn dazu gesagt?«

»Allyssa sagte, das sei ja wohl der größte Blödsinn.«

»Und was hat die Mutter gesagt?«

»Die Mutter meinte, sicher habe Lucky das nicht so gemeint. Und zu Lucky sagte die Mutter, er solle es sich doch noch mal überlegen. Allyssa sei doch eigentlich auch immer lieb zu ihm.«

»Hat sie wirklich mit Lucky geredet?«

Der Vater nickte.

»Und was ist dann passiert?«

»Tja, und dann ist es eben passiert. Am nächsten Morgen war Luckys Korb leer. Nur ein Brief lag drin. Von Lucky. Es war ein Abschiedsbrief. Lucky war nämlich weggelaufen.«

»Warum?«

»Weil er es so gemein fand, dass er nicht Leandras Hund sein dürfe, erklärte Leandra. Die Mutter war sehr ärgerlich und sagte zu Leandra, sie solle auf der Stelle sagen, wo Lucky wäre. Und Allyssa schimpfte ganz fürchterlich mit Leandra und heulte.«

Leo nickte. »Das hätte ich auch getan.«

»Dann beruhigte die Mutter sich etwas und sagte, Leandra solle ihr den Brief mal vorlesen.«

»Weil ihn ja niemand außer Leandra lesen konnte«, *erklärte Leo.*

»So war es«, bestätigte der Vater.

»Was stand in dem Brief?«

»Im Brief stand drin, dass sie sich keine Sorgen machen sollen. Lucky habe eine Dose mit Futter mitgenommen und einen Schal, weil die Mutter immer sagt, man solle sich warm anziehen, wenn man rausgeht.«

Leo kicherte.

»Die Mutter lächelte etwas schräg und fing an, alle Nachbarn anzurufen und zu fragen, ob sie Lucky gesehen hätten. Aber keiner hatte Lucky gesehen. Und Allyssa heulte immer mehr. Leandra fing dann auch an zu heulen, weil Allyssa ihr Leid tat, und Lucky tat ihr Leid und sie tat sich auch Leid.«

»Weil alle ihr die Schuld gaben, dass Lucky weggelaufen ist«, *erklärte Leo.*

»Und abends war Lucky immer noch nicht da. Allyssa schlief unten auf der Couch, damit sie es hören konnte, wenn Lucky zurückkommt. Aber Lucky kam nicht.«

»Die ganze Nacht nicht?«, fragte Leo betroffen.

Der Vater schüttelte traurig den Kopf. »Die ganze Nacht nicht. Am nächsten Tag fuhr die Mutter mit Allyssa und Leandra ins Tierheim.«

»Warum?«

»Im Tierheim werden Tiere aufgenommen, die niemand haben will, die ausgesetzt wurden oder die weggelaufen sind«, erklärte der Vater.

»Aha«, nickte Leo. »War Lucky dort?«

»Und dort war Lucky. Leandra meinte, sie fände das ganz

klug von Lucky, in ein Hotel zu gehen. Aber sie mussten dem Tierheim Geld geben, weil die Lucky aufgenommen hatten. Die Mutter entschied, dass Leandra das von ihrem Taschengeld bezahlen müsse.«

»Das ist gemein. Es war doch nicht Leandras Schuld, dass Lucky in einem Tier-Hotel übernachtet hat. Was hat Leandra gesagt?«

»Leandra sagte nix, sie nickte nur. Zu Hause entschied die Mutter dann, dass Lucky ab jetzt beiden Kindern gehört.«

»Das war gut«, kommentierte Leo. »Was hat Allyssa dazu gesagt?«

»Allyssa war einverstanden, dass Lucky geteilt wird.«

»Wie haben sie Lucky denn geteilt?«, wunderte sich Leo.

Der Vater lächelte. »Allyssa bekam die vordere Hälfte und Leandra die hintere Hälfte.«

»Das fand Leandra bestimmt doof.«

»Leandra war nicht sehr begeistert, aber sie sagte nix.«

»Sie hat nix dazu gesagt?«, wunderte sich Leo.

»Na ja, zuerst nicht, aber dann doch«, *erzählte der Vater.* »Leandra meinte, für jetzt sei das okay, aber wenn sie so alt sei wie Allyssa , wolle sie einen eigenen Hund. Und zwar einen, der viel größer ist als Lucky.«

»Hat sie denn einen eigenen Hund bekommen, als sie so alt war wie Allyssa?

»Ja.«

»Auch einen, der viel größer ist?«

»Na ja, nicht ganz. Aber das ist eine andere Geschichte.«

»Erzählst du sie mir?«

»Ja, aber nicht jetzt. Jetzt musst du schlafen.«

Der Vater gab Leo einen dicken Kuss und sagte: »Gute Nacht, Leo.«

Milan

Die Kreuzflöte und die Querflöte

Es war einmal eine Kreuzflöte, die konnte sehr schön pfeifen. Und sie konnte nicht nur sehr schön pfeifen, sie konnte mit ihrem Pfeifen auch jedes Kind verzaubern, sodass es immer viele schöne Bücher las.

Und das war nicht alles. Die Kreuzflöte hatte eine Freundin, die Querflöte, die konnte sehr schön singen. Und sie konnte nicht nur sehr schön singen, sie konnte mit ihrem Singen auch jedes Kind verzaubern, sodass es zu den Büchern, die es las, immer viele schöne Bilder malte.

Und das war nicht alles. Die Flöten konnten zusammen so schön pfeifen und singen, dass jedes Kind, das das Glück hatte, die zauberhaften Melodien zu hören, sich immer viele neue Geschichten ausdachte.

Und darum waren die Flöten in der ganzen Welt bekannt.

So hörte auch die faule Fee Eselinde davon. Sie war eigentlich eine gute Fee, aber sehr, sehr faul. Sie hatte eine Tochter, Eselore. Eselore war überhaupt nicht dumm, aber sie kannte keine Bücher, weil ihre Mutter zu faul war, ihr welche vorzulesen, und es bei ihr zu Hause auch keine gab.

Darum, weil Eselore noch nie ein Buch gelesen hatte,

nannten die Kinder sie Dummelore. Und das war noch nicht alles. Einmal sind die Kinder hinter Eselore hergelaufen und haben gesungen. Das ganze Dorf hat das hässliche Lied gehört:

Eselore, Eselore,
du bist eine Dummelore,
du hast nicht ein Buch gelesen,
darum bist du dumm gewesen.

Eselore verstand nicht, warum die Kinder über sie spotteten. Als sie nach Hause kam, erzählte sie ihrer Mutter von dem hässlichen Lied.

Die Fee Eselinde wurde sehr, sehr wütend. Aber nicht lange, denn sie war zu faul, um lange Zeit wütend zu sein. Sie beschloss ihrer Tochter sofort eine Geschichte vorzulesen. Sie wollte ihr zeigen, wie schön das Lesen ist.

Aber in der ganzen Wohnung gab es ja kein einziges Buch. Im Keller waren auch keine. Sie hätte noch auf dem Dachboden suchen können, doch dazu war sie zu faul.

So hörte Eselore an diesem Abend keine Geschichte. Am nächsten Abend auch nicht.

Am übernächsten Tag kletterte die faule Fee dann aber doch auf den Dachboden und fand dort tatsächlich ein paar Kinderbücher, die sie mit runterbrachte.

Jetzt hätte sie endlich eine Geschichte vorlesen können, aber leider war sie so müde, dass sie einschlief.

Im Schlaf kam ihr eine Idee, eine traumhafte Idee. Und als sie wieder wach war, wusste Eselinde, was sie tun musste. Sie würde die Kreuz- und die Querflöte stehlen. Und dann würde sie sie ihrer Tochter schenken. Eselinde war sicher, wenn Eselore die zauberhafte Flötenmusik hören würde, würde sie sofort die Bücher lieben und lesen und sie selbst müsste sich dafür nicht mehr anstrengen.

Gesagt, getan. In der gleichen Nacht zog sie los und stahl die Flöten.

Keiner weiß, wie sie das gemacht hat, aber Eselinde war ja eine Fee.

Am nächsten Tag wollte sie die Flöten für Eselore spielen lassen, aber nichts geschah. Kein Ton war ihnen zu entlocken, denn die Flöten spielten ihre Zaubermelodien nicht, wenn sie gestohlen worden waren.

Das wusste Eselinde jedoch nicht und sie wurde sehr, sehr wütend. Aber nicht lange, denn sie war zu faul, um lange Zeit wütend zu sein. Dann tat sie etwas sehr Böses: Sie versteckte die Flöten und mit ihnen alle Bücher, die sie gefunden hatte.

Keiner wusste, wo. Den einzigen Hinweis gab eine kleine Geschichte, die man sich erzählte. Darin hieß es, dass die Kreuz- und die Querflöte in einer Holztruhe eingeschlossen seien. Die Truhe, in der sich die Flöten befänden, sei leicht zu erkennen, denn auf ihrem Deckel sei in großen Buchstaben geschrieben:

DIE FLÖTEN AUS HOLZ
IN TRUHEN AUS HOLZ
KANN BEFREIEN NUR EIN HELD
NATÜRLICH AUCH AUS HOLZ

Bis heute hat niemand die Zauberflöten gefunden. Schade, denn wenn jemand sie gefunden hätte, hätten noch viel mehr Kinder große Lust zu lesen. Aber da kann man nichts machen. Nur hoffen, dass vielleicht doch einmal ein Held aus Holz die Kreuz- und die Querflöte findet und aus der Dunkelheit der Truhe befreit.

Christamaria Fiedler

Die Geschichte vom kleinen Ausreden-Shop

Niemand wusste genau, wann der kleine Ausreden-Shop in die Stadt gekommen war. Eines Tages im Mai war er plötzlich da und öffnete seine lila Ladentür für alle, die einen neugierigen Blick auf die Regale und Vitrinen mit den geheimnisvollen Kästchen, Tüten und Kartons werfen wollten.

»Hast du schon gehört?«, fragte Katja Huggendupps ihren Mann Leo Huggendupps. »In der Gasse am Markt gibt es jetzt ein Geschäft für Ausreden. Sie sind auf winzige Zettel geschrieben und wie bunte Bonbons verpackt.«

»Was für ein Unsinn!«, brummte Leo Huggendupps.

»Ausreden?«, wunderte sich Leokatja Huggendupps. »Was ist denn das?«

Katja Huggendupps und Leo Huggendupps sahen einander an. Wie sollten sie das ihrer Tochter erklären?

»Ausreden sind … phantasievolle Entschuldigungen«, versuchte es die Mutter.

»Ausreden heißt, sich aus etwas herausreden zu wollen, anstatt einfach die Wahrheit zu sagen«, ergänzte der Vater. »Also nichts, was wir brauchen können.«

Und das stimmte. Niemand in der Stadt benutzte je eine

Ausrede. Alles klappte reibungslos. Die Busse waren pünktlich, die Klempner kamen wie bestellt, die Austräger brachten morgens die Zeitung und der Bäcker backte jeden Tag Brot. Auch die Babysitter hielten Wort, die Straßenbahn fuhr nach Plan und in die Schule kam niemand zu spät. Nicht einmal die Hausaufgaben wurden vergessen.

Obwohl Leokatja gerade erst ein Schulkind geworden war, konnte sie sich vorstellen, dass es der kleine Ausreden-Shop sehr schwer haben würde in der Stadt.

Umso mehr wunderte sie sich, als sie sah, dass sich die Leute die Nase an seinem Schaufenster platt drückten. Zuerst traute sich niemand hinein, doch dann sahen Leokatja und ihre Schulfreundin Marie die ersten Neugierigen in den Laden gehen. Bald wurden es mehr. Auch Schüler aus den höheren Klassen ihrer Schule waren dabei.

Leokatja fand das alles sehr aufregend.

Leider kamen die interessantesten Kunden erst in der Dämmerung, wenn sie und Marie längst daheim sein mussten. Manch später Kunde hatte den Kragen hochgeschlagen oder die Mütze tief ins Gesicht gezogen, als ob er nicht erkannt werden wollte. So tuschelten die Leute hinter vorgehaltener Hand.

Eine geheimnisvolle, knisternde Spannung verbreitete sich in der Stadt und plötzlich wusste jeder einen, der schon einmal im Ausreden-Shop gewesen war.

Seit heute Morgen kannte auch Leokatja eine solche Person. Sie war sechs Jahre alt, hieß Wikko Schlümperbum und ging in ihre Klasse.

Wikko Schlümperbum war zu spät zum Unterricht gekommen und Herr Monti mit der goldenen Brille hatte ihn mit strenger Stimme ermahnt: »Schulkinder sollten versuchen immer pünktlich zu sein.«

»Es war die Kuh!«, entgegnete Wikko.

»Was für eine Kuh?«

»Die weiße Kuh vor unserer Haustür. Niemand traute sich an ihr vorbei.«

Eine weiße Kuh vor Wikkos Haustür? Alle Kinder in der Klasse sahen einander an und lachten.

Leokatja ahnte die Wahrheit: Wikko war im Ausreden-Shop gewesen. Von nun an beobachtete sie ihn ganz genau, doch vorerst geschah nichts. Wikko erschien pünktlich wie eh und je.

Dann, als Leokatja schon langsam die Sache zu vergessen begann, kam Wikko wieder zu spät zum Unterricht.

»Wikko!«, seufzte Herr Monti und wollte ihn sich gleich vorknöpfen.

Der aber lief eilig auf seinen Platz und sagte: »Es war wieder die Kuh, Herr Monti!«

»Ach, die Kuh vor deiner Haustür? Hatten wir das nicht schon einmal?«

»Stimmt. Aber dieses Mal saß ein Tiger neben der Kuh. Mit solchen Augen!« Wikko riss die Augen auf und ließ sie glühen, dass allen angst und bange wurde.

Nicht aber Leokatja Huggendupps. Die krauste die Nase und nahm sich etwas vor. Gleich nach Schulschluss würde sie mit Marie den Ausreden-Shop unverzüglich selbst in Augenschein nehmen.

Voll Ungeduld wartete sie, bis die Schule aus war, und dann

lief sie Hand in Hand mit Marie und mit klopfendem Herzen zu dem Laden.

Alles war so, wie es die Leute erzählt hatten. In den Regalen und Vitrinen stapelten sich Kästchen, Tüten und Kartons mit geheimnisvollem Inhalt, während vorn auf dem Verkaufstisch große Gläser mit bunt eingewickelten Ausreden standen.

Neugierig musterten sie die falschen Bonbons. Sie sahen zum Anbeißen aus.

An einem Glas hing ein Schild: Sonderangebote!

»Das sind besonders preiswerte Ausreden für Schulkinder«, erklärte der Verkäufer, dessen Fliege die gleiche lila Farbe hatte wie die Ladentür. »Sie sind überaus beliebt.« Mit einem langen, dünnen Finger angelte er ein glitzerndes, grünweiß gestreiftes Ausredenbonbon aus dem Glas. »Zum Beispiel diese Ausrede von der weißen Kuh.«

»Die kennen wir schon!«, riefen Leokatja und Marie wie aus einem Munde.

Leokatja wollte gerade hinzufügen, dass es die Lieblingsausrede von Wikko Schlümperbum sei, als ein Herr mit Sonnenbrille und merkwürdig schiefem Bart den Laden betrat und den Verkäufer begrüßte.

»Guten Tag, mein Lieber, hätten Sie bitte die Ausrede Nummer 77 für mich?«

»Selbstverständlich, Herr Bürgermeister, das goldene Schächtelchen für Politiker!« Eilig holte der Ausredenverkäufer die gewünschte Schachtel herbei.

»Sie sollen doch hier nicht Herr Bürgermeister zu mir sagen!«, flüsterte der Bürgermeister.

Als der Bürgermeister gegangen war, wollten auch Leokatja und Marie gehen.

»Wollt ihr denn keine Ausrede kaufen?«, fragte der Verkäufer verwundert.

»Ach, nö! Jetzt kommen doch Ferien!«, rief Leokatja. »Wer braucht denn da eine Ausrede?«

Doch in dem Punkt irrte sich Leokatja leider sehr. In diesem Sommer wurden sogar sehr viele Ausreden gebraucht. Nichts klappte mehr in der Stadt. Nichts war wie sonst. Die Busse fuhren nicht mehr pünktlich, die Klempner ließen die Wasserhähne tropfen und die Morgenzeitung wurde manchmal erst am Abend gebracht. Auch die Babysitter hielten nicht mehr Wort, der Bäcker verschlief und der Mann, der die Straßenbahn zum Strandbad fuhr, blieb eines Morgens einfach im Bett. Es hieß, er habe die paprikagrünen Masern.

Alle Unpünktlichen, Unzuverlässigen und Vergesslichen hatten ähnlich phantasievolle Ausreden. Sie litten an fliederfarbenem Ohrläppchensausen oder blauweiß kariertem Kribbeln im Hals. Die verrückteste Ausrede aber hatte der Bürgermeister selbst.

Es war an dem Tag, als die empörten Bürger schimpfend zum Rathaus zogen und mit Plakaten die sofortige Schließung des kleinen Ausreden-Shops verlangten.

»Nichts da!«, sagte der Bürgermeister streng. »Der Laden steht unter dem Schutz von Außerirdischen. Wenn wir ihn schließen, beschießen sie uns vom Mars mit Rührei!«

Leo Huggendupps las es beim Balkonfrühstück aus der Morgenzeitung vor. Die Huggendupps machten in diesem Jahr Urlaub zu Hause. Das Reisebüro »Fliegender Teppich«,

Die Geschichte vom kleinen Ausreden-Shop

wo die Familie gewöhnlich ihre Ferien buchte, hatte wegen des Testfluges mit einem neuen Teppich geschlossen.

»Ja, ist denn die ganze Stadt verrückt geworden? Was erzählt denn unser Bürgermeister da für einen Unsinn?«, rief Katja Huggendupps.

»Das ist die Ausrede 77 aus der goldenen Schachtel für Politiker!«, erklärte Leokatja. »Der Bürgermeister hat sie sich mit einem angeklebten Bart gekauft.«

Katja Huggendupps und Leo Huggendupps wechselten den besonderen Elternblick. »Was machst du denn im Ausreden-Shop?«

»Gar nichts«, sagte Leokatja. »Nur gucken.«

Da wussten die Eltern, dass ihre Tochter die Wahrheit sagte und schlau genug gewesen war, sich keine Ausrede zu kaufen. Aus Freude darüber luden sie Leokatja zum Eisessen ein. Es wurde ein sehr schöner Tag.

Doch als die Tage kühler und die Wolken grauer wurden, mussten die Eltern wieder zur Arbeit und Leokatja wieder zur Schule gehen. Was war sie gespannt!

Froh hüpfte sie am ersten Schultag zu Marie und gemeinsam liefen sie zum Schulbus. Sie warteten und warteten, doch der Schulbus fiel aus.

»Der Fahrer muss heute auf der Milchstraße Milch ausfahren!«, berichtete eine Frau.

Also gingen sie zu Fuß zur Schule, wo eine neue Überraschung auf sie wartete.

»Liebe Kinder«, sagte der Direktor zu Leokatja, Marie und den anderen Schülern. »Heute findet leider kein Unterricht statt. Vor Lehrer Montis Haus sitzt eine weiße Kuh. Neben der

Kuh sitzt ein Tiger mit glühenden Augen und neben dem Tiger ein Elefant.«

Leokatja war tief enttäuscht. Ohne Schule würde es auf Dauer viel zu langweilig sein. Also fasste sie einen Plan. Mutig ging sie mit Marie zu dem kleinen Ausreden-Shop. Dort setzten sie sich vor die lila Ladentür und sorgten dafür, dass keiner mehr das Geschäft betrat. Denn sobald die Leute ihr selbst gemaltes Pappschild »Hier gibt es Dummheit in Tüten!« lasen, gingen sie still und beschämt davon.

Dem Ausreden-Verkäufer kam der Vormittag ohne Kundschaft nicht geheuer vor. Besorgt öffnete er die lila Ladentür. Als er Leokatja, Marie und ihr Schild erblickte, schrie er erbost: »Erst keine Ausrede kaufen und dann noch die Leute vergraulen. Verschwindet!«

Doch in diesem Moment riss ein Windstoß die Fenster seines Ladens auf. Der gewaltige Durchzug erfasste die lila Fliege des Verkäufers und hob ihn in die Lüfte.

So flog er auf Nimmerwiedersehen davon und die roten, blauen und goldenen Schachteln aus den Vitrinen und Regalen und die glitzernden Ausredenbonbons aus den Gläsern folgten ihm wie ein bunter Drachenschwanz auf seinem Weg um die Welt.

Achim Bröger

Kleiner-Bär läuft um die Wette

Schon den halben Tag langweilt sich Kleiner-Bär in der Bärenhöhle. Deswegen nimmt er seinen Koffer und packt ein paar Sachen rein. Zu Papa-Bär und Mama-Bär sagt er: »Ich verreise mal ein bisschen, will mir die Welt anschauen.«

Die Eltern nicken und brummen: »Das ist gut, Sohn. Bei so einer Reise erlebst du bestimmt was.«

»Mhh, glaub ich auch«, brummt Kleiner-Bär. Dann nimmt er seinen Koffer in die Pfote, geht aus der Höhle und in den Wald. Trottet so vor sich hin. Den Bach entlang, zum Fluss und immer weiter.

Kleiner-Bär guckt in die Bäume, ob sein Rabenfreund irgendwo landet. Mit Freund verreisen wär nämlich noch besser als alleine.

Da sieht er plötzlich Menschen vor sich auf dem Weg, Männer und Frauen. Und die rennen. Viele Menschen sind das. Sie rennen nebeneinander, hintereinander, überholen sich. Dazu schnaufen sie wie wild.

Interessant, denkt Kleiner-Bär. Und lustig sehen die Renn-Menschen aus. In der Mitte tragen sie kurze Hosen, weiter oben kurze Hemden und ganz oben haben sie rote Schnaufköpfe. Ach, und an ihren Unterpfoten tragen sie Rennschuhe und auf dem Rücken Nummern.

Ob die nummerierten Menschen vor etwas davonlaufen?, überlegt Kleiner-Bär. Vielleicht haben sie Angst. Aber warum laufen sie nummeriert davon? Komisch.

Ich lauf mal einfach hinterher, denkt Kleiner-Bär. Eigentlich wollte ich ja verreisen. Aber hinterherlaufen ist auch nicht schlecht. Und ich frage die Menschen, warum sie rennen.

Mit dem Koffer in der Pfote rennt Kleiner-Bär los. Immer hinter den Menschen her, die vor ihm rennen. Und Kleiner-Bär ist ein flinker Renn-Bär. Wirklich!

Er kommt dem letzten Menschen näher. Der ist etwas dicker als die anderen und langsamer. Kleiner-Bär feuert ihn mit Gebrumm an.

Da dreht sich der Mensch um. Sieht den Bären und rennt schneller. Aha! Ein Zwischenspurt, denkt Kleiner-Bär. Sehr sportlich spurtet er hinter dem Menschen her und mit Gebrumm an ihm vorbei.

Schreiend springt der Renn-Mensch ins Gebüsch.

Ob das Schreien dazugehört?, überlegt Kleiner-Bär und schreit sehr laut, während er läuft. Schreit nur mal so, sehr brummig und zur Probe.

Immer schneller rennt er. Das schafft er leicht. Sogar mit Koffer in der Pfote läuft und brummt er nämlich toll.

Einige Menschen drehen sich um, haben ihn laut anbrummen hören. Sofort schreien auch sie los.

Wahrscheinlich soll mich das anfeuern, denkt Kleiner-Bär. Sehr lieb von ihnen. Lauf ich halt schneller.

Nun versuchen das auch die Menschen vor ihm.

Ist ja toll!, denkt Kleiner-Bär. Das macht Spaß! Er rennt noch etwas schneller, brummt noch etwas lauter. Ich komme, heißt das. Und er lacht und ruft immer wieder: »Bahn frei! Kartoffelbrei!«

Einige Renn-Menschen direkt vor ihm hören es. Blitzartig machen sie die Bahn frei, obwohl Kleiner-Bär das doch nur zum Spaß ruft. Die meisten rennen vom Weg in den Wald, andere springen einfach ins Gebüsch. Zack! Kleiner-Bär bleibt natürlich schön auf dem Weg, denn da kann man besser rennen.

Über sich hört Kleiner-Bär Flügelschlagen. Ach, sein Rabenfreund kommt angeflogen, und der krächzt: »Schneller, Kleiner-Bär! Du wirst Meister! Bist der beste Schnell-Läufer! Du gewinnst! Los! Lauf!«

Aha, denkt Kleiner-Bär, das sind Schnelllauf-Meisterschaften. Prima. »Ich gebe mein Bestes!«, ruft er.

Jetzt schafft er es sogar, noch ein wenig schneller zu flitzen. So überholt er einen Menschen nach dem anderen.

Irgendwie findet er es nur langsam seltsam, dass sie spätestens dann beiseite springen, wenn er sie überholt. Überholen sie sich gegenseitig, machen sie das nicht. Na ja, die Menschen sind seltsam. Das weiß bär ja eigentlich.

Einige klettern sogar die Bäume hoch, wenn Kleiner-Bär kommt. Sehr sportlich. Bäume hochklettern ist nämlich gar nicht so einfach.

Kleiner-Bär dreht sich um. Der Weg hinter ihm ist leer. Nur ein paar Menschenköpfe gucken aus Gebüschen. Sehen aus wie erstaunte, große rote Früchte.

Knapp über ihm fliegt Räb, sein Rabenfreund. Und einige

Schritte vor ihm läuft noch ein Mensch. Den will Kleiner-Bär nun auch überholen. Ist doch klar.

Er lässt seinen Koffer in ein Gebüsch fallen. Ohne Koffer kann er nämlich noch etwas schneller rennen. Los geht's!

Immer näher kommt Kleiner-Bär dem Menschen.

»Du schaffst es!«, krächzt der Rabe.

Da dreht sich der Renn-Mensch um. Er sieht seinen Verfolger und mit einem Satz landet auch er im Gebüsch.

Na, so was!, denkt Kleiner-Bär. Dabei hab ich eben nicht mal »Bahn frei! Kartoffelbrei!« gerufen.

Jetzt ist Kleiner-Bär Erster. Er rennt noch ein Stückchen, aber langsamer. Schließlich sieht er vor sich am Waldrand einen Tisch. Lauter glänzende Dinger stehen darauf und einige Menschen stehen um den Tisch.

»Das Band hier ist das Ziel«, erklärt ihm sein Freund, der Rabe. »Und die glänzenden Dinger auf dem Tisch sind die Preise für die Sieger.«

»Also krieg ich einen!«, freut sich Kleiner-Bär. Er durchrennt das Zielband und läuft auf den Tisch zu. »Hallo!«, brummt er. »Ich hab gewonnen! Bin erster Siegerbär!«

Vor dem Tisch bleibt er stehen. Die Menschen, die eben noch hier waren, sind weggelaufen. Haben sich versteckt.

Das ist doof, denkt Kleiner-Bär. Wir spielen doch nicht Verstecken. »Kommt raus! Und Preis her!«, brummt er. Aber niemand kommt raus und gibt ihm den Preis.

Die schummeln, denkt Kleiner-Bär. Und da nimmt er sich einfach den größten Preis. Bestimmt gehört der dem Sieger.

Der Preis glitzert und ist schön schwer. Wie ein Riesenbecher mit Stiel sieht er aus.

Kleiner-Bär hält ihn hoch. Obwohl er keinen Menschen sieht, verbeugt er sich etwas und brummt: »Vielen Dank auch für den Preis.« Schließlich ist er ein gut erzogener kleiner Bär.

Dann trottet er im Wald neben dem Weg zurück. Räb fliegt über ihm. Manchmal sehen sie Menschen. Die gucken vorsichtig und gehen langsam. Als hätten sie Angst.

Wovor nur?, überlegt Kleiner-Bär. Seinen Koffer nimmt er aus dem Gebüsch und seinen Preis legt er in den Koffer. »Eigentlich wollte ich ja verreisen«, erzählt er dem Raben.

»War nur eine kurze Reise«, krächzt der.

»Stimmt«, brummt Kleiner-Bär. »Kurz, lustig und schnell. Aber vor allem hab ich mich nicht mehr gelangweilt.«

Das will er jetzt den Eltern erzählen. Deswegen verabschiedet er sich vom Rabenfreund und geht nach Hause. Seinen Blechlöffel nimmt Kleiner-Bär schon mal aus dem Stirnband. Da steckt er immer. Kleiner-Bär wird ihn brauchen, denn bald gibt's was zu futtern. So ein Wettlauf macht nämlich hungrig.

Er trottet vor sich hin. Den Koffer mit dem Preis hält er in der einen Tatze, den Löffel in der anderen. Ist eigentlich toll, was man bei uns im Wald erleben kann, denkt er. Da gehe ich los, will verreisen und werde Wettlaufmeister.

Er sieht schon ihre Bärenhöhle. Bald wird er zu Hause sein und darauf freut er sich.

»Verreisen und wettlaufen ist prima«, brummt er. »Aber nach Hause kommen ist mindestens genauso prima.«

Jetzt fällt ihm ein, was er mit dem Preis tun wird. Den will er gleich voll Bärenbrei füllen und leer futtern. Blitzschnell und mindestens zwei Riesenbecher … oder vielleicht auch drei. Mal sehen.

Daniela Kulot

Tausche kleine Schwester gegen …

Benni hat eine kleine Schwester. »Die ist ja sooo süß!«, sagen alle – außer Benni. Der findet das nicht. Seit seine kleine Schwester Tinchen da ist, heißt Benni nicht mehr Benni, sondern Benjamin. Er ist jetzt der große Bruder und muss öfter mal auf Tinchen aufpassen.

Heute ist schon wieder so ein Tag.

»Also gut«, brummt Benni, »wir bauen Holztürme.«

WUMMMMM – Tinchen fährt mit ihrem Bobby Car mitten hinein.

Ist das ätzend!

Man sollte einen Knopf haben und sie ausschalten können, denkt Benni, so wie das Raumschiff mit der Fernsteuerung von Micha. Mannomann – Micha hat's echt gut, der hat keine kleine Schwester!

Da fällt Benni etwas ein. Schnell, ans Telefon! »Hallo, Micha, ich möchte gern dein Raumschiff mit der Fernsteuerung haben, du kriegst dafür meine Schwester.«

Micha will eigentlich schon gern eine kleine Schwester haben. Aber jetzt gleich? Und dafür sein tolles Raumschiff hergeben? »Nein, lieber nicht.«

»Du bekommst noch eine Tafel Schokolade dazu und drei Lakritzschnecken.«

»Das klingt schon besser«, überlegt Micha. »Also gut, wir tauschen.«

Benni ist schon unterwegs, mit Tinchen, einer Tafel Schokolade und drei Lakritzschnecken.

Micha wartet auch schon. Mit dem Raumschiff in der Hand.

»Super!«, sagt Benni, als er das Raumschiff nimmt, und »Süüß!«, sagt Micha, als er die Schokolade, die drei Lakritzschnecken und Tinchen nimmt.

Benni fliegt gleich los. Zuerst die Treppen hinauf. Das ist klasse! Und zu Hause durch das ganze Zimmer …

Oh, Mist! Genau in die Ritterburg hinein, die er mit Papa gebaut hat. Alles kaputt! Und dann fährt das Raumschiff auch noch unter den Sessel und kommt von allein nicht mehr raus.

Jetzt fährt Benni nur noch ganz vorsichtig. Ein bisschen vorwärts, ein bisschen rückwärts. Aus – ein. Ein – aus.

»Mensch, ist das laaaaaangweilig!«

Aus – ein. Schnurrrrr … noch mal in die Ritterburg hinein. So was Doofes! Da war's mit Tinchen doch viel besser.

Und Micha?

Der findet auch, dass es mit Tinchen viel besser ist. Mit Tinchen Türme bauen, das ist super. Und Türme umwerfen noch viel mehr!

Gerade will Micha Tinchen sein allerschlimmstes King-Kong-Gesicht zeigen, da klingelt es an der Tür.

Es ist Benni. »He, Micha, ich will Tinchen wiederhaben! Dein Raumschiff ist doof und stinklangweilig.«

»Nee«, sagt Micha, »Tinchen kriegst du nicht. Getauscht ist getauscht – wiederholen ist gestohlen!«

Da fängt Tinchen auf einmal an zu weinen. Erst leise und dann immer lauter.

»Und was machen wir jetzt?«, fragt Micha. »Kann man sie nicht einfach ausschalten?«

Benni überlegt. »Doch«, sagt er dann. »Das kann man schon. Aber das geht nur bei mir zu Hause.«

»Einverstanden«, sagt Micha und zusammen bringen sie Tinchen nach Hause.

Dort legt Benni Tinchen in ihr Bett.

Tinchen brüllt und brüllt.

»Und wo ist jetzt der Knopf zum Ausschalten?«, fragt Micha.

»Hier«, sagt Benni und drückt auf den kleinen roten Knopf auf der Spieluhr über dem Bett. Die Musik beginnt zu spielen und Tinchen hört auf zu schreien.

»Puuh!«, sagen Micha und Benni wie aus einem Mund. »Das ist ja gerade noch mal gut gegangen.«

»Und wann bekomme ich Tinchen wieder zurück?«, fragt Micha.

»Gar nicht«, sagt Benni, »zurückgegeben ist zurückgegeben – wiederholen ist gestohlen. Aber du kannst ja immer zu uns kommen. Und dann können wir zu dritt einen Ausflug machen und in deinem Raumschiff zum Mars fliegen!«

Jo Pestum

Die Abenteuer-Kater

Es waren einmal drei Kater, die liebten spannende Abenteuer über alles. Der graue Kater hieß Julius, der rote Kater hieß Grabowski und der gelbe Kater hieß Hermann.

Sie saßen am Bachufer und langweilten sich.

»Es wird höchste Zeit, dass wir mal wieder etwas Aufregendes erleben«, sagte Kater Grabowski. »Wer hat eine gute Idee?«

Reiher Roland hatte die ganze Zeit unbemerkt im Schilf gestanden und gelauscht. »He, he, ihr drei Kater! Vielleicht habe ich eine gute Idee für euch. Ihr wollt doch ein aufregendes Abenteuer erleben. Stimmt's?«

»Und ob das stimmt!«, antworteten die drei Kater im Chor.

»Jetzt sperrt mal eure Ohren auf!«, sagte Reiher Roland. »Es gibt eine geheime Pirateninsel. Dort haben die Seeräuber die sieben Steine des Mondes vergraben.«

»Steine?«, kreischte Kater Julius. »Was sollen wir mit Steinen anfangen?«

»Blödmänner!«, kreischte Reiher Roland. »Es handelt sich doch um ganz besondere Steine! Um die wunderbarsten Edelsteine der Welt.«

Kater Hermann rief: »Hopp, sag schon: Wie kommt man zu der geheimen Pirateninsel?«

»Man muss hinfliegen«, verkündete Reiher Roland. »Die Insel liegt nämlich mitten im Meer.«

»Bist du bekloppt?«, schimpfte Kater Grabowski. »Wir können doch nicht fliegen!«

»Warum fliegst du nicht selber zu der Pirateninsel und holst dir die Edelsteine?«, schimpfte Kater Julius.

»Viel zu gefährlich!«, sagte Reiher Roland. »So mutig bin ich nicht.«

»Wir schon!«, sagten die drei Kater. »Also, wie kommen wir dahin?«

»Ihr müsst euch eine Menge Luftballone beschaffen, die bindet ihr euch um die Bäuche, dann könnt ihr schweben. Und wenn dann der Wind richtig bläst, trägt er euch haargenau zur Pirateninsel. Ich zeichne euch einen Plan.« Reiher Roland zog ein Stück Papier und einen Stift unter dem linken Flügel hervor und fing an, einen Plan von der Pirateninsel zu zeichnen. »Eine Bedingung müsst ihr allerdings erfüllen«, sagte er. »Wenn ihr die sieben Edelsteine erbeutet habt, müsst ihr mir einen schenken.«

»Abgemacht!«, riefen die Kater.

Reiher Roland arbeitete angestrengt an seiner Zeichnung.

Und die drei Kater bereiteten sich auf die Flugreise vor. Auf der Kirmes klauten sie jede Menge Luftballone. Den fertigen Plan verstauten sie in einem Rucksack. Sie banden die Ballone um ihre Bäuche und stellten sich auf das Dach der Scheune.

»Auf geht's, Freunde!«, rief Kater Julius und schwang sich mutig in die Luft. Da schwangen sich auch Grabowski und

Hermann in die Luft. Unten auf der Erde stand Reiher Roland und winkte ihnen nach.

Herrlich schwebten die drei Kater mit dem Wind davon. Sie jubelten und waren glücklich.

Tief unter ihnen lag die Erde. Die Häuser und die Bäume und die Straßen waren winzig wie Kinderspielzeug.

Schon bald flogen die Abenteuer-Kater über das weite, weite Meer. Grün und blau und silbern schimmerten die Wellen tief unter ihnen.

In rasender Geschwindigkeit sausten sie dahin, und als der Wind immer heftiger blies, wurde den Katern ein bisschen bange.

»Nur Mut, meine Freunde!«, schrie Kater Hermann.

Doch allmählich wurde der Wind zum Sturm. Die drei Kater wurden von den Luftballonen fortgezerrt und durchgeschüttelt.

Und es kam noch schlimmer! Schrecklicher Regen peitschte auf die drei Ballonfahrer nieder und drückte sie fast bis zu den schäumenden Wellen hinunter.

»Aufgepasst!«, brüllte Kater Hermann in höchster Not. Er hatte nämlich als Erster gesehen, dass gewaltige Haifische ihre Mäuler mit den messerscharfen Zahnketten aus dem Wasser streckten. »Zieht die Beine hoch!«

Sie strampelten und zappelten, um sich vor den zuschnappenden Haien zu retten.

In letzter Sekunde pustete ein gewaltiger Windstoß sie und ihre Ballone wieder hoch.

»Gerettet!«, schrie Kater Julius. »Wir sind gerettet!«

Aber da irrte er sich mächtig.

Mit einem Mal schoss ein Schwarm frecher Killermöwen heran. Die Möwen machten sich einen bösen Spaß daraus, mit ihren spitzen Schnäbeln auf die Ballone einzuhacken.

Wamm! Patsch! Knall! Ein Ballon nach dem anderen zerplatzte.

Kater Grabowski hielt sich die Augen zu. »Freunde, das ist unser Ende!«

Doch Kater Hermann hatte tief unter sich ein Stückchen Land erspäht. »Die Insel!«, rief er. »Haltet aus! Unter uns ist die Insel!«

Kreischend stoben die Möwen davon.

Und die drei Kater stürzten mit den letzten Fetzen der Ballone tiefer und tiefer.

Aber was war das?

Sie plumpsten genau auf eine große Palme, die sie wie ein weicher Schirm auffing. Dreimal, viermal purzelten und hüpften sie wie auf einem Trampolin und dann lagen Julius, Grabowski und Hermann auf ihren Popos im warmen Sand.

Mühsam erhoben sie sich auf die Beine und rieben sich erstaunt die Augen.

»So eine winzige Insel!« Kater Hermann ließ den Blick schweifen. »Ein bisschen Sand und eine einzige Palme. Soll das vielleicht die geheime Pirateninsel sein?«

Kater Grabowski kramte den Plan hervor, den Reiher Roland gezeichnet hatte. Gemeinsam studierten sie ihn.

Dann stellte Kater Julius fest: »Dies ist die Pirateninsel. Freunde, wir haben unser Ziel erreicht. Jetzt heißt es suchen.«

Aber sie brauchten gar nicht lange nach dem Schatz zu suchen. Auf einem Sandhügel fanden sie einen ausgebleichten Totenschädel. Dies war die richtige Stelle! Irrsinnig schnell begannen sie zu graben.

Und dann lag die Schatzkiste vor ihnen.

»Ich werde verrückt!«, flüsterte Kater Julius.

Zitternd vor Aufregung klappte Kater Grabowski den Deckel auf.

Die sieben Steine des Mondes! Die sieben Edelsteine funkelten und blitzten so strahlend hell und wunderbar, dass es in den Augen schmerzte.

»Jetzt sind wir reich!«, flüsterte Kater Hermann.

Doch plötzlich machten die drei Kater eine schreckliche Entdeckung! Ein großes Segelschiff näherte sich der Insel. Es hatte pechschwarze Segel und eine blutrote Fahne mit einem Totenkopf drauf.

»Piraten!«, riefen die drei Kater voller Entsetzen. Schnell schnappten sie sich die Schatztruhe und versteckten sich hinter dem Stamm der Palme.

Das Piratenschiff ankerte vor der Insel. Der Piratenkapitän und seine drei Seeräuber stiegen in ein Boot und ruderten zur Insel. Näher und näher kamen sie.

Die Abenteuer-Kater schlotterten vor Angst.

Als Erster sprang der Piratenkapitän an Land. Schnell zündeten die Piraten ein Feuer an und fingen an zu saufen.

Da rief auf einmal einer der Seeräuber: »Kapitän Klappauge! Schau nur: das Loch! Unser geheimer Piratenschatz ist gestohlen worden!«

Wüst schwenkte der Piratenkapitän seinen Säbel und brüllte voller Wut: »Ich sehe frische Spuren im Sand! Schafft mir die Diebe her – tot oder lebendig!«

Die Abenteuer-Kater

»J-j-jetzt s-s-sind wir v-v-verloren!«, stotterte Kater Julius.

Aber lassen sich solche Abenteuer-Kater wie Hermann, Grabowski und Julius so einfach von Seeräubern fangen? Nein, nein, dreimal nein!

»Mir nach, Freunde!«, schrie Kater Grabowski. »Und vergesst die Schatzkiste nicht!«

Schnell wie drei Blitze rannten die Kater zum Boot, sprangen hinein und ruderten los, dass das Wasser nur so spritzte.

Zornig schob sich der Kapitän die Augenklappe auf die Stirn, klapperte mit dem Klappauge und schrie: »Potz Donnerwetter und Hagelsturm! Haltet sofort an! Wir sind doch die Räuber! Man darf doch Räuber nicht berauben!«

Da klemmten sich die Seeräuber die Säbel zwischen die Zähne und schwammen schnell zu ihrem Schiff, weil sie die flüchtenden Kater verfolgen wollten.

Julius, Grabowski und Hermann ruderten und ruderten mit aller Kraft.

»Sie kommen näher!«, wimmerte Kater Hermann.

Krawumm! Die erste Kugel kam aus der Kanone des Piratenschiffes und schlug neben dem Boot ein. Das Wasser schäumte und kochte. Die Wellen überschlugen sich. Das kleine Boot kippte fast um. Und wieder dröhnte es: Krawumm!

»Jetzt ist es aus!«, schrie Kater Grabowski in höchster Not. »Jetzt kann uns niemand mehr helfen!«

Aber einer konnte ihnen doch helfen. Ein Wal nämlich. Das heißt: eine Walin.

Die Walfrau Sarah hatte erkannt, dass die drei Kater in ihrem Bötchen in großer Not waren. Und weil sie ein mitleidvolles Herz hatte, beschloss sie die armen Flüchtlinge vor den Piraten zu retten. Sie hob den riesigen Kopf aus dem Wasser und stieß einen mächtigen Strahl hervor. Und oben auf dem Wasserwirbel tanzte nun das kleine Boot und war sicher vor den Geschossen der Piraten.

Die drei Kater jubelten.

Nun schlug die Walfrau Sarah mit ihrem ungeheuren Schwanz zu. Schschumm!

Die Schwanzflosse traf das Piratenschiff mit voller Wucht und auf einmal hatte das Schiff keine Masten und keine Segel mehr.

»Potz Donnerwetter und Hagelsturm!«, zeterte der Piratenkapitän. »Was für schreckliche Zeiten sind das nur! Es macht überhaupt keinen Spaß mehr, Seeräuber zu sein. Mein prächtiges Schiff ist kaputt und meine Schatztruhe ist geklaut. Jetzt bin ich ganz arm.«

Da tat der Piratenkapitän den drei Katern Leid. Sie beschlossen: Einen Edelstein aus der Schatzkiste geben wir ihm wieder. Und so schleuderte Kater Hermann einen funkelnden Diamanten zum Piratenschiff hinunter.

»Potz Donnerwetter und Hagelsturm!«, rief Kapitän Klappauge. »Hätte nicht gedacht, dass es so freundliche Diebe gibt!«

Jetzt hatten die Abenteuerkater nur noch sechs Edelsteine.

Behutsam setzte die Walfrau Sarah das Boot auf der Wasseroberfläche auf. »Jetzt seid ihr in Sicherheit«, gluckerte sie.

»Wir danken dir!«, riefen Julius, Grabowski und Hermann. Und zum Dank schenkten sie der Walin einen Edelstein.

Jetzt hatten die Abenteuer-Kater nur noch fünf Edelsteine.

Was macht das schon!, dachten sie. Wenigstens sind wir nun in Sicherheit.

Doch das war ein Irrtum.

Ein Sägefisch, der ganz verrückt war aufs Sägen, kam nämlich angeschwommen und fing sofort an mit dem Sägen. Ritsche-ritsche, ratsche-ratsche: Im Nu hatte er das Boot zersägt.

Die armen Kater platschten ins Wasser und schrien laut. Krampfhaft klammerten sie sich an den Holzplanken des zersägten Bootes fest, um nicht zu ertrinken. Mit Mühe retteten sie die Schatzkiste.

Aber was nun?

Der Pelikan Platschek hatte aus der Luft alles gesehen.

»Ich bin mit ein paar Delfinen befreundet!«, rief er den Abenteuer-Katern zu. »Die könnte ich zu Hilfe holen. Was gebt ihr mir dafür?«

Kater Hermann sah ein, dass sie keine andere Wahl hatten. Er rief: »Einen wertvollen Diamanten!«

»Einverstanden!«, krächzte Platschek. »Her mit dem Ding!« Geschickt fing er mit dem großen Schnabel den Edelstein auf. Dann flog er davon, um die Delfine zu Hilfe zu holen.

Jetzt hatten die Abenteuer-Kater nur noch vier Edelsteine. Aber dann – dann kam endlich die Rettung!

Munter schnatternd sausten drei junge Delfine herbei und ließen die erschöpften Kater auf ihre Buckel steigen. In irrsinnig raschem Tempo pflügten sie durch die Wellen und brachten die Kater zum Strand.

Die Abenteuer-Kater waren so froh wieder festen Boden unter den Füßen zu haben, dass sie jedem der drei freundlichen Delfine einen Edelstein zum Abschied schenkten.

Jetzt hatten die Abenteuer-Kater nur noch einen Edelstein. Den trugen sie in der Schatzkiste auf ihrem langen Heimweg.

Müde, hungrig und durstig kamen sie am späten Abend zu Hause an.

Reiher Roland wartete schon auf sie. »Wo ist mein Edelstein, den ihr mir versprochen habt?«, fragte er.

»Aber wir haben doch nur noch einen!«, rief Kater Julius.

Reiher Roland klapperte mit dem Schnabel. »Tut mir Leid, aber das ist eure Sache. Ihr habt mir euer Ehrenwort gegeben.«

Weil Julius, Grabowski und Hermann ehrenwerte Kater waren, die stets zu ihrem Ehrenwort standen, schenkten sie dem Reiher den letzten Edelstein.

Der nahm ihn und verschwand im Schilf.

Kater Grabowski machte ein sauersüßes Gesicht. »Ganz arm sind wir losgeflogen zur Pirateninsel, dann waren wir unheimlich reich und jetzt sind wir wieder ganz, ganz arm.«

»Stimmt gar nicht!«, rief Kater Julius. »Wir sind reich, denn wir haben ein herrliches Abenteuer erlebt. Solch ein Abenteuer ist mehr wert als alle Edelsteine der Welt!«

Ursula Wölfel

Drei winzige Geschichten

Erste Geschichte

Heute bin ich traurig aufgewacht.
Ich weiß nicht, warum.
Alle fragen: »Was tut dir weh?
Warum bist du traurig?«
Nichts tut mir weh.
Ich bin nur traurig.

Alle sagen: »Die Sonne scheint!
Warum bist du traurig?«
Aber ich kann es nicht sagen.
Ich bin nur traurig.

Auch mein Bär ist heute traurig
und ich weiß nicht, warum.
Alle sollen uns in Ruhe lassen.

Zweite Geschichte

An der Straße stehen Apfelbäume,
in den Bäumen hängen rote Äpfel,
und in jedem Apfel
ist ein kleines Haus
und in jedem Apfelhäuschen
sind fünf Zimmer
und in jedem Apfelzimmer
liegt ein blanker brauner Kern
und in jedem Apfelkern
schläft ein winzig kleiner
neuer Apfelbaum.

Glaubst du das nicht?
Dann halt einen Apfel ans Ohr,
sei still, ganz still:
Hörst du,
wie die neuen Bäume rauschen?

Dritte Geschichte

Der Wind, Wind, Wind
hat einen Luftballon gestohlen.
Er hat ihn über die Mauer geblasen
und über den Baum,
er hat ihn übers Land getragen
bis zu den hohen Bergen
und bis zum Meer mit den Schiffen.

Ein Vogel wollte den Luftballon fangen,
den schönen Luftballon,
da hat der Sturm ihn weggerissen,
da haben die Wolken ihn mitgenommen,
und keiner weiß, wohin.

Gib Acht!
Vielleicht fliegt er morgen
an unserem Haus vorbei?

Gisela Kautz

Der erste Reiter

»Er ist ein Träumer«, sagten die Leute, wenn sie von Fadja sprachen. Und manch einer fügte hinter vorgehaltener Hand hinzu: »Aus dem wird nie etwas werden.«

Trug man dem Jungen beispielsweise auf, tagsüber die Ziegen, Schweine oder Kühe zu hüten, so konnte man darauf wetten, dass abends die Hälfte der Herde fehlte und man die halbe Nacht damit beschäftigt war, die streunenden Tiere wieder einzufangen.

Als Fadja alt genug war, nahm sein Vater ihn mit auf die Jagd. Er lehrte ihn, wie man sich gegen den Wind leise an die Pferdeherden heranschlich und einzelne Tiere mit Pfeil und Bogen erlegte. Pferdefleisch war begehrt.

Fadja liebte Pferde. Er fand, die Tiere wären viel zu schön, um gejagt und verspeist zu werden. Deswegen stolperte er beim Anschleichen absichtlich über seine eigenen Füße oder er nieste, so laut er konnte.

Auch den Umgang mit Pfeil und Bogen lernte Fadja nicht. Nie trafen seine Pfeile ihr Ziel. Samt und sonders schnellten sie von der gespannten Sehne in den blassblauen Himmel hinein.

Fadjas Vater war über die Ungeschicklichkeit seines Sohnes verzweifelt. Schließlich musste er sich aber doch eingestehen, dass aus dem Jungen nie ein Jäger werden würde. Er schickte Fadja daher zu dem Dorfältesten in die Lehre, damit der Junge lernte Pfeil und Bogen zu schnitzen.

Schon nach einer Woche weigerte sich der Dorfälteste Fadja weiterhin zu unterrichten. Der Junge hatte zwei linke Hände, wie er behauptete. Sämtliche Pfeilspitzen waren ihm zu klobig und die Pfeilschäfte zu dünn geraten. Außerdem hatte Fadja in einer Woche nicht einen einzigen Bogen zustande gebracht. Was hauptsächlich daran lag, dass er vergessen hatte die Hölzer zuvor in Wasser zu legen, um das Holz biegsam zu machen. Der Dorfälteste weigerte sich entschieden, Fadja weiterhin die Kunst der Pfeil- und Bogenherstellung beizubringen.

Innerhalb weniger Monate versuchte Fadja sich in sämtlichen Berufen, die ein Junge im Dorf erlernen konnte. Dann stand fest, dass er für keinen dieser Berufe taugte.

Fortan blieb Fadja sich selbst überlassen. Bei Morgengrauen wanderte er den Bergen zu und kehrte erst bei Anbruch der Dunkelheit heim.

Niemand fragte ihn, was er die ganze Zeit über trieb. Alle waren überzeugt, dass der Junge den Tag mit offenen Augen verträumte.

Aber das stimmte nicht.

Fadja freundete sich mit den wilden Pferden an. Leicht war das nicht. Anfangs floh die Herde, kaum dass er in ihrem Blickfeld auftauchte. In schnellem Galopp brachten die Pferde sich in Sicherheit. Nach und nach jedoch gewöhnten sie sich an seine Gegenwart und duldeten ihn in ihrer Nähe. Die zwölf Fohlen, die in diesem Frühjahr geboren wurden, sahen Fadja bereits als Familienmitglied an. Alle zwölf liebten es, von dem Jungen gestreichelt zu werden. Denn niemand konnte einen besser hinter den Ohren, auf dem Rücken oder unter der Kehle kraulen und kratzen als er.

Im Jahr darauf wurden weitere Fohlen geboren und im nachfolgenden wiederum welche. Sie alle nahmen Fadjas Gegenwart als selbstverständlich hin, waren zutraulich und freundlich zu dem Jungen.

Fadja liebte »seine« Pferde. Stundenlang sah er ihnen beim Grasen zu, bei ihren Spielen und Kämpfen. Er lernte ihre Vorlieben und Abneigungen kennen, ihre Neugier und Vorsicht, ihre Ängste und ihren Übermut.

Am meisten jedoch bewunderte Fadja die Schnelligkeit, mit der die Pferde über die Hochebene preschten und seinen Blicken entschwanden. Wenn er ihnen doch folgen könnte!

Eines Abends beschloss Fadja, sich auf den Rücken der kleinen dunkelgrauen Stute zu schwingen, die er besonders liebte, und sich von ihr über die Ebene hinein in die Nacht tragen zu lassen.

Ohne lange zu überlegen, setzte er seinen Plan in die Tat um. Von einem Felsblock aus gelangte er auf den Rücken der Dunkelgrauen. Die kleine Stute warf überrascht den Kopf auf und spielte unruhig mit den Ohren. Fadja hielt sich mit beiden Händen an ihrer Mähne fest. Keine Sekunde zu früh. Schon setzte sich die Herde in Bewegung und mit ihr die kleine dunkelgraue Stute.

Sekunden später ging es im Galopp inmitten der Pferde

über die Ebene dahin. Der Wind pfiff Fadja um die Ohren. Er verkrampfte die Hände in der Mähne der Stute, umklammerte mit den Beinen ihren Leib, versuchte das Gleichgewicht auf ihrem Rücken zu halten, sich ihren Bewegungen anzupassen.

Für kurze Zeit gelang es ihm. Dann stürzte er schwer zu Boden und blieb wie betäubt liegen. Als er sich schließlich aufrappelte, war die Herde verschwunden.

Fadja lächelte, obwohl ihm jeder Knochen im Leib wehtat. Eines Tages würde die kleine dunkelgraue Stute ihn über die Ebene tragen.

Drei Monate – und etliche Stürze – später war es so weit. Fadja hatte gelernt ein Pferd zu reiten. Bilua, wie er die Dunkelgraue jetzt nannte, trug ihn geduldig, wohin immer er wollte.

Der Junge hielt die Zeit für gekommen, endgültig ins Dorf zurückzukehren.

Die Leute staunten nicht schlecht, als Fadja auf Bilua direkt vor das Haus des Ältesten ritt und ein sofortiges Gespräch mit ihm verlangte. Im Halbkreis umringten sie Pferd, Reiter und Dorfältesten.

Fadja bot an, zukünftig Pferde zu zähmen, um sie als Reit-, Last- und Zugtiere zum Wohl der Dorfbewohner einzusetzen. Als Gegenleistung verlangte er, dass niemand mehr Pferde jagte und tötete.

Nach kurzem Zögern stimmte der Älteste Fadjas Plan zu. Fortan wurden im Dorf Pferde gehalten, die die Menschen geduldig über weite Strecken trugen, die bei der Feldarbeit halfen und schwere Lasten zogen.

Bald war Fadja weit über die Grenzen seines Dorfes bekannt. Überall wurden wilde Pferde gezähmt, um den Menschen nützlich zu sein.

Der Junge, der ein Träumer gewesen war, hatte die Welt verändert.

Fadjas Name ist in Vergessenheit geraten. Heute weiß man nur noch, dass sich vor etwa 5000 Jahren erstmals ein Mensch auf den Rücken eines Pferdes schwang.

Irene Zimmermann

Micha hat sich gekracht

Micha hat sich gekracht. Den ganzen Tag. Morgens mit Mama wegen der Haut auf dem Kakao, dann im Kindergarten mit der blöden Saskia. Mit der muss man sich einfach krachen, die ist so doof, findet Micha.

Das sagt auch Dominik und der ist schließlich sein Freund. Na ja, so richtig auch nicht mehr, seit sie sich heute Nachmittag gekracht haben. Das war zum ersten Mal, seit Micha denken kann. Aber dafür haben die beiden einen Streit, der ist so riesig, der wird nie aufhören, meint Micha. Mit Dominik wird er nie wieder spielen und auch die Burg nicht fertig bauen, die sie am Vormittag begonnen haben. Schade, es sollte die schönste Burg im Kindergarten werden, aber daraus wird jetzt nichts. Nicht mit Dominik, so viel steht für Micha fest. Doch nicht mit diesem Blödmann!

Er liegt schon im Bett, als sich die Tür leise öffnet und Oma hereinkommt. Immer, wenn Mama abends arbeitet, passt sie auf Micha auf.

»Na, du hattest sicherlich einen schönen Tag heute«, begrüßt sie ihn, als sie sich auf sein Bett setzt. »Was macht eure Burg? Seid ihr schon fertig?«

Micha schüttelt den Kopf. »Mit der Burg, das wird nichts«, sagt er und seine Stimme klingt ein bisschen böse.

Oma sieht ihn entsetzt an. »Jetzt hör mal her. Ich habe meiner Freundin Evelyn versprochen, dass ihr den ersten Preis im Burgenwettbewerb gewinnt, und jetzt so was? Das kann doch wohl nicht dein Ernst sein. Vielleicht …«

»Mit Dominik bau ich keine Burg mehr«, sagt Micha ganz laut. Es klingt sehr entschlossen.

»Und warum nicht, wenn ich fragen darf? Ihr seid doch Freunde!« Oma schaut ihn stirnrunzelnd an.

»Dominik ärgert mich«, erklärt Micha. »Er ist gemein. Er …«

Oma nickt ihm aufmunternd zu. »Er …?«

»Er ärgert mich, weil …« Micha überlegt. Er nimmt seine Schlafschildkröte, lässt sie einmal über sein Kopfkissen segeln, kratzt sich ein bisschen am großen Zeh und überlegt immer noch. Es fällt ihm im Moment einfach nicht ein. Warum hat ihn Dominik so geärgert?

Oma wackelt bedenklich mit dem Kopf. Sie überlegt einen Moment lang. »Oje«, murmelt sie schließlich, »ich glaube, das ist ein Fall für die Insel.«

»Welche Insel?«, fragt Dominik neugierig. Er versucht seine Schildkröte auf dem großen Zeh zu balancieren, aber das klappt nicht.

Oma sieht ihn ernst an. »Ich weiß nicht, ob ich dir überhaupt schon davon erzählen kann oder ob du vielleicht noch zu klein bist …«

Micha reckt sich. »Ich bin schon fast ein Schulkind und so groß wie du bin ich auch bald.«

»Na gut.« Oma streckt ihm die Hand hin. »Schlag ein. Heiliges Ehrenwort, dass du niemandem etwas davon erzählst. Die Insel des Verstehens und Verzeihens ist eigentlich ein Geheimnis, das nur wenige ...« Sie blickt auf den Wecker auf dem Nachttisch. »Viel erklären kann ich dir nicht, wir müssen uns beeilen, sonst sind wir nicht rechtzeitig zurück. Was meinst du, was deine Mama für ein Theater macht, wenn du morgen früh nicht hier im Bett liegst. Außerdem müssen wir hoffen, dass die Sicht noch gut genug ist, um loszufahren.«

»Losfahren? Jetzt? Ich bin doch schon im Schlafanzug!«

Oma lächelt bloß. »Stell dich nicht so an. Die meisten kommen im Schlafanzug. So war es wenigstens in meiner Kindheit.« Sie greift nach ihrer großen Einkaufstasche und steht auf. »Ich ruf dich in fünf Minuten. Dann können wir los.«

Micha muss grinsen. Manchmal hat Oma ziemlich verrückte Ideen. Vielleicht liegt es daran, dass sie schon ziemlich alt ist. Mama hat neulich so was gesagt.

»Micha!«, hört er Oma kurz darauf aus dem Badezimmer rufen. »Beeilung. Wir haben schon Segel gesetzt.«

Barfuß tappt Micha zum Bad. Wahrscheinlich hat Oma ihm Badewasser eingelassen und wird ihm dazu eine Geschichte erzählen. Er öffnet die Tür. Dichter Nebel umfängt ihn. Er fröstelt. »Oma, was hast du gemacht?«, will er wissen. »Warum ...«

»Pst«, macht jemand neben ihm. Eine Hand legt sich auf seinen Arm. Oma! Aber nicht mehr in ihrem geblümten Kleid, sondern in einem Matrosenanzug. »Versteck dich oben an Deck hinter den Fässern, damit dich der Kapitän nicht entdeckt. Mit blinden Passagieren kennt der kein Erbarmen.«

Micha will noch etwas sagen, aber da hört er ein Nebelhorn tuten. Oma winkt ihm noch mal zu, deutet nach vorn, und als er dort einen Mann erkennt, der aussieht wie der Kapitän von seinem Playmobilschiff, rennt er nach oben. Hinter drei Fässern versteckt er sich und wartet ab.

Er muss eingeschlafen sein. Trotz der Kälte und der Nässe an Deck. Oma hat ihn wachgerüttelt und deutet auf ein kleines Rettungsboot neben dem Schiff, das auf den Wellen tanzt. »Damit schaffst du es. Bis zur Insel sind es nur ungefähr zehn Minuten. Wir müssen dich hier absetzen. Willst du?«

Micha schaut auf das Meer. Der Nebel hat sich gelichtet, aber das Meer ist immer noch stürmisch. In einiger Entfernung sieht er einen grauen Felsklotz aus dem Wasser ragen. Da soll er hin? Aber Oma kommt doch sicher mit, oder?

Sie schüttelt den Kopf. »Das musst du allein schaffen. Lass dich nur nicht hier auf dem Schiff erwischen«, sagt sie beschwörend, und weil der Erste Steuermann einen Befehl ruft, kann sie Micha nur noch aufmunternd zulächeln, bevor sie das Deck wieder verlässt.

Micha zögert einen Moment, aber dann klettert er vorsichtig die Sprossenleiter hinunter zum Rettungsboot. Er springt hinein und will gerade eines der Ruder in die Hand nehmen, da kommt eine riesige Welle auf ihn zu. Bevor er vor Schreck laut schreien kann, spürt er, wie er von der Woge bis zum Strand der Insel getragen wird.

Auch aus der Nähe ist die Insel grau. Kein Baum, kein Strauch, rein gar nichts. Micha ist ein bisschen beklommen zumute, als er durch das seichte Wasser marschiert. Sein Boot

hat er zum Glück sicher an einem Pfahl verankert. Notfalls kann er ja wieder zu Oma und dem großen Schiff zurück.

Zuerst will er die Insel erkunden. Ob es hier wilde Tiere gibt? Micha ist müde und aufgeregt zugleich. Wenn er ehrlich ist, würde er eigentlich am liebsten schnell wieder nach Hause.

Aber das geht nicht mehr, wie er entsetzt feststellt. Das Rettungsboot ist zwar noch da, aber das große Schiff mit Oma ist weg. Weggesegelt!

Micha lehnt sich gegen einen der Felsen, und weil er ganz allein ist auf dieser komischen Insel, heult und schimpft er gleichzeitig. Mama wird ausflippen, wenn sie entdeckt, dass er verschwunden ist. Den ersten Preis beim Burgenwettbewerb im Kindergarten kann er auch vergessen, wie soll er denn an seiner Burg weiterbauen, wenn er hier auf dieser verlassenen Insel sitzt?

Dominik fällt ihm ein. Genau, Dominik ist an allem schuld. Wenn der nicht so blöd rumgestritten hätte, dann würde Micha jetzt im Bett liegen, Oma würde ihm eine Gute-Nacht-Geschichte erzählen und morgen würden sie den ersten Preis gewinnen.

Aber daraus wird jetzt wohl nichts!

Micha blickt sich um. Der Himmel und das Meer haben die gleiche blaugraue Farbe wie die Insel. Keine Blume, kein Haus, keine Menschen.

Er läuft den Strand entlang und späht zum Horizont. Oma muss ihn doch wieder abholen. Sie kann doch nicht einfach …

»Pass auf!«, hört er jemanden rufen, aber es ist schon zu spät. Lang ausgestreckt liegt er am Boden und eine Gestalt beugt sich über ihn.

Micha glaubt seinen Augen nicht zu trauen. Dominik steht vor ihm und auch er ist im Schlafanzug!

Micha steht auf und reibt sich das schmerzende Hinterteil. »Was machst du denn hier?«

Dominik zuckt die Schultern. »Weiß ich nicht. Ich konnte nicht einschlafen und da hat meine Mutter gesagt, dass ich auf die Insel soll. Kapierst du, was das hier soll?«

Die beiden setzen sich eng zusammen in eine Felsmulde – das hilft gegen den rauen Wind – und erzählen einander, was sie erlebt haben.

»Und wie kommen wir wieder weg hier?«, meint Micha schließlich. »Morgen ist der letzte Burgenbautag und …«

»Hör bloß auf«, fährt ihn Dominik an. »Du hast alles verpfuscht. Ich hab dir doch gleich gesagt, dass wir keine Chance haben, wenn wir den Burggraben so breit machen.«

»Aber der Burggraben muss so breit sein«, behauptet Micha. »Du blickst doch überhaupt nichts.«

Die beiden sind ein Stückchen voneinander abgerückt, weil man sich beim Streiten nicht gern aneinander kuschelt. Micha friert, er ist hundemüde und außerdem hat er schon wieder Streit. Zu allem Unglück wird es jetzt auch noch richtig dunkel. Sein kleines Boot tanzt einsam und allein draußen auf den Wellen, aber von Omas Schiff ist weit und breit nichts zu sehen. Am liebsten würde er jetzt heulen, aber vor Dominik … Nein, auf keinen Fall. Er blickt zu ihm hinüber und hat einen Moment lang den Eindruck, dass Dominik auch fast heult. Aber nur einen Moment lang, dann guckt Dominik auf die andere Seite und Micha auch.

Schweigend sitzen die beiden da, auf der einsamen grauen

Insel ohne Blumen und Bäume, das Meer tobt wild, ein bleicher Mond bescheint sie.

Micha denkt an den Wettbewerb im Kindergarten. Garantiert wird Saskia mit ihrer komischen Burg den ersten Preis gewinnen. Man könnte ja den Graben halb so breit machen, denkt er. Vielleicht zwei statt vier Hände breit.

»Wenn wir den Graben zwei Hände breit machen statt einer, haben wir noch eine Chance«, hört er Dominik sagen.

Beide stehen auf. Natürlich, zwei Hände breit soll der Graben werden, das ist genau das richtige Maß. Das reicht, um Feinde abzuschrecken.

»Wir schaffen das«, lacht Micha. »Wir kriegen den Preis, hundertprozentig. Sollen wir den Turm noch ein bisschen höher machen?«

Dominik nickt. Gestern war er noch dagegen, aber jetzt ist er einverstanden. »Kann nicht schaden. Dann haben wir nicht nur die schönste, sondern auch noch die größte Burg.«

Die beiden sitzen wieder zusammen in der Felskuhle und überlegen, wie sie die Burg noch schöner machen könnten. Die Kälte und die Dunkelheit haben sie fast vergessen.

In der Ferne tutet ein Nebelhorn. Ein großes Segelschiff ist am Horizont zu erkennen.

Micha gähnt. »Ach du lieber Himmel, wir müssen nach Hause ins Bett. Damit wir morgen fit sind. Wir haben noch viel Arbeit vor uns.«

Zusammen rennen sie zum Rettungsboot und wieder kommt eine riesige Welle, die sie direkt zum Schiff trägt. Im Schutz der Dunkelheit schleichen sie zu den Fässern und verstecken sich. Plötzlich ist es dort gar nicht mehr so unbequem wie auf der Hinfahrt, sondern weich und warm und Micha entdeckt sogar seine Schlafschildköte.

Schon im Halbschlaf merkt er, wie das Schiff lossegelt.

Irgendwann holt jemand Dominik ab und dann kommt Oma, fragt: »Alles in Ordnung?« und sie steigen aus.

Micha ist furchtbar müde und sehr glücklich, als er schließlich wieder in seinem Bett liegt. »Dominik und ich gewinnen morgen den ersten Preis«, murmelt er schlaftrunken, als Oma ihn zudeckt.

»Das will ich hoffen«, sagt Oma.

Manfred Schlüter

Eine lange Geschichte

»Wahnsinn«, murmelte der kleine Bruno.

Es stand null zu null. Das Spiel hatte gerade erst begonnen und war doch schon wieder vorbei. Alle Kinder starrten gebannt zum Himmel hinauf und suchten die Wolken ab.

Der kleine Bruno hatte den Ball nämlich hoch in die Luft geschossen. So hoch, dass er kleiner und immer kleiner wurde. Und schließlich war er gar nicht mehr zu sehen.

Na ja, dachte der kleine Bruno, irgendwann muss er ja wieder runterkommen. Das dachten alle. Aber der Ball kam nicht. Er war weg.

Einfach weg!

Wochen vergingen und Monate und Jahre. Und aus dem kleinen Bruno wurde ein großer Bruno, der hatte Zahlen und Kommas und Buchstaben im Kopf und dachte längst nicht mehr an den Ball.

Als der große Bruno eines Morgens zur Arbeit ging, hörte er ein Sausen in der Luft. Er schaute nach oben und entdeckte endlich einen Punkt am Himmel, der wurde größer und immer größer. Und aus dem Punkt wurde ein Ball, der sprang dem großen Bruno direkt vor die Füße.

Der wollte ihn schon wegschießen, dann aber bückte er sich und hob den Ball vorsichtig auf.

»Das ist doch«, murmelte er, »ja, natürlich … wo warst du denn die ganze Zeit?«

»Ach«, sagte der Ball, »das ist eine lange Geschichte …«

Thomas Fuchs

Tilman, Kia und der Wunschstein

Seit dem ersten Tag im Kindergarten ist Kia Tilmans beste Freundin und Tilman Kias bester Freund. Dachte Tilman zumindest, denn seit einer ganzen Weile ist Kia irgendwie anders. Sie spielt kaum mehr mit Tilman, sie ist immer ganz blass und letzte Woche hat Kia gefehlt.

Frau Heyse im Kindergarten hat Tilman und den anderen Kindern gesagt, dass Kia und ihre Familie momentan eine schwierige Zeit durchmachen würden. Und dass alle besonders nett zu Kia sein sollten. Denn dort, wo Kia und ihre Eltern herkommen, würde es den Menschen zurzeit nicht gut gehen. Es hätte dort sehr viel geregnet und die Menschen hätten ihre Häuser, ihr Vieh, ja eigentlich alles verloren. Deswegen würde Kia momentan weniger lachen, sie hätte einfach Angst um ihre Verwandten. Und wenn die Kinder Kia helfen wollten, dann sollten sie sorgsam mit Kia umgehen und Rücksicht auf sie nehmen.

Tilman hat das erst nicht so ganz verstanden. Denn Kia lebt doch hier, in der gleichen Stadt wie er und er hat doch auch keine Angst. Aber dann hat er mit seiner Mama darüber gesprochen und die hat ihm erklärt: So, wie Tilman sich jetzt Gedanken um Kia macht, der es nicht gut geht, würde sich Kia eben Sorgen um ihre Freunde und Verwandten machen, denen es nicht gut geht. Nur wäre das für Kia und ihre Familie mit dem Sich-Sorgen-Machen viel schlimmer, da in ihrer Heimat die Menschen Hunger leiden würden. Tilmans Mama sagte auch: Kia wüsste wahrscheinlich nicht einmal, ob ihre Verwandten noch alle leben würden, denn viele Telefone wären durch die Überschwemmungen kaputtgegangen und Briefe würden auch nicht ankommen.

Da konnte sich Tilman vorstellen, wie sich Kia im Moment fühlte. Denn nachdem sie den zweiten Tag im Kindergarten gefehlt hatte, da hatte er so lange gequengelt, bis Mama bei Kia zu Hause angerufen und gefragt hatte, warum Kia fehlt.

Als Kia wieder in den Kindergarten kam, hat Tilman versucht besonders nett zu ihr zu sein. Das fiel ihm nicht schwer, da er Kia mag und es ihm wehtut, wenn sie traurig ist.

Tilman hat versucht Kia zum Lachen zu bringen, indem er ihr alle Witze erzählte, die er kannte und von denen er wusste, dass Kia sie noch nicht kannte. Doch Kia hat nicht über seine Witze gelacht.

Da hat Tilman ihr seinen Lieblingsstein geschenkt. Den, den ihm sein Onkel Paul zu Weihnachten geschenkt hatte. Der Stein war schwarz und eingekratzt stand Abrakadabra darauf. Sein Onkel hat zu Tilman gesagt, es wäre ein Wunschstein.

Kia hat sich dafür bedankt, doch dann den Stein einfach in ihre Tasche gesteckt und war trotzdem weiter traurig.

Tilman fühlte sich mit der Zeit richtig hilflos. Er merkte, dass er selbst auch immer unglücklicher wurde, denn eine traurige Kia machte ihn auch niedergeschlagen.

Nur wenn Tilman mit den anderen Kindern spielte, lachte er. Abgelenkt durch Fangen und Basteln dachte Tilman dann nicht mehr an seine traurige Freundin. Wenn er jedoch später wieder Kia sah, schämte er sich für sein Lachen und Toben.

Am Samstag sagte seine Mama zu Tilman, er solle sich anziehen, sie wolle mit ihm wohin.

Mit der Straßenbahn fuhren sie ins Industriegebiet hinaus und liefen dann noch zehn Minuten zu Fuß, bis sie auf dem Gelände einer großen Spedition ankamen. Dort standen auf dem Hof viele große Laster und auf langen Tischen lagen Decken, warme Kleidung, Schuhe und Lebensmittel wie Mehl, Zucker und Konservendosen.

Etwa zwanzig Erwachsene und auch ein paar Kinder waren dabei, die Sachen in große Kisten zu packen. Anschließend wurden die Kisten in die Laster geladen.

Tilmans Mama erklärte ihm, dass die Laster mit den Kleidern und Lebensmitteln in Kias Heimat fahren würden, um den Menschen dort zu helfen.

Das fand Tilman toll und seine Mama und er packten den ganzen Nachmittag lang Kisten.

Als sie später mit der Straßenbahn heimfuhren, war Tilman zwar müde und die Arme taten ihm weh, aber irgendwie fühlte er sich nicht mehr ganz so traurig.

Am Montag im Kindergarten erzählte Tilman sofort Kia von den Kisten und den Lastern, und für einen Moment lächelte sie.

Nächsten Samstag will Tilman daher unbedingt wieder packen gehen und Kia wird mitkommen. Am Mittwoch hat sie das Tilman während des gemeinsamen Frühstücks im Kindergarten gesagt. Kia will auch den Wunschstein von Tilman mitnehmen und in eine der Kisten packen.

Vielleicht kommt dann ja genau diese Kiste zu ihren Verwandten.

Edith Schreiber-Wicke

Der Neinrich

»Einen winzigen kleinen Kuss krieg ich aber!«, rief Tante Karin und drückte Leo an sich. »Schmatz!«, machte es, bevor Leo noch irgendetwas sagen konnte. Leo spürte klebrigen Lippenstift auf seiner Wange.

»Süß ist er, der kleine Leo«, sagte Tante Karin, bevor sie sich endlich verabschiedete.

Leo stellte sich vor den großen Spiegel und rieb die Lippenstiftspuren von seiner Wange. Dabei sah er seine Mutter vorwurfsvoll an.

Seine Mutter zuckte ein wenig hilflos mit den Schultern. »Sie kommt ja nicht oft«, sagte sie.

Leo ging in sein Zimmer. Er war wütend. Wie immer, wenn er wütend war, holte er seinen Zeichenblock und die Buntstifte. Irgendwie liefen die Stifte wie von selbst.

Als Leo sah, was er gezeichnet hatte, wunderte er sich. Er zeichnete sonst nie komische kleine Männchen.

Leo wollte den Zeichenblock wegschieben, als er sah, dass seine Zeichnung verschwunden war. Glatt, weiß und neu lag das oberste Blatt vor ihm.

»Nein!!!«, sagte jemand sehr entschieden. Es war eine dünne

Stimme, aber doch klar und deutlich. »Nein, nein und noch einmal nein! Hast du's schon einmal damit probiert?«

Leo schaute sich um.

»Aber nicht doch!«, sagte die Stimme ungeduldig. »Da – direkt vor dir!«

Leo sah, dass sich neben dem Behälter mit den Stiften etwas bewegte.

Der ulkige Wicht, den er gezeichnet hatte, spielte mit einem Radiergummi Fußball. »Tor!«, rief er, als der Radiergummi in einer Schachtel mit Notizzetteln landete.

Leo überlegte, ob er einfach nur träumte. Allerdings war er noch nie zuvor an seinem Schreibtisch eingeschlafen.

»Mach den Mund zu, es zieht«, sagte der Kleine. »Sperr lieber die Lauscher auf.«

Leo wartete noch immer darauf, ganz plötzlich aufzuwachen. Aber der kleine Kerl vor ihm nahm eine große Büroklammer und begann sie wie ein Sportgerät zu biegen.

Er hält meinen Schreibtisch für ein Fitness-Studio, dachte Leo. Ich muss ihn fragen, wer er eigentlich ist. »Wer bist denn du?«, fragte er. Seine eigene Stimme klang seltsam fremd.

»Ich bin der Neinrich«, sagte der Kleine und betrachtete zufrieden die fast geradegebogene Büroklammer.

»Neinrich?«, wiederholte Leo. »Mit N? Nicht vielleicht Heinrich?«

»Das würde ja keinen Sinn machen«, sagte der kleine Kerl. Jetzt versuchte er den Briefbeschwerer hochzustemmen.

»Wieso?«, fragte Leo verständnislos.

»Weil ich dazu da bin, dir das Neinsagen beizubringen«, sagte der Kleine, der sich Neinrich nannte.

»Meine Mutter beschwert sich darüber, dass ich zu oft Nein sage«, antwortete Leo.

»Das ist es ja eben«, sagte der Neinrich. »Man muss unbedingt wissen, wann der richtige Ort und die richtige Zeit zum Neinsagen ist. Die meisten sagen Nein einfach so – weil Neinsagen Spaß macht. Weil man die Großen so schön nerven kann damit. Weil man feststellen kann, wie viele Neins eine einzelne Mutter oder ein einzelner Vater aushält. Aber oft vergessen sie genau dann Nein zu sagen, wenn's wirklich wichtig ist.«

»Und wann ist es wirklich wichtig?«, fragte Leo.

»Also«, sagte der Neinrich. »Jetzt kommt's. Willst du's auch wirklich hören? Die ganze Sag-Nein-wenn-Liste?«

»Na klar!«, sagte Leo.

»Wo fang ich an?«, überlegte der Neinrich laut. Dann legte er los: »Sag Nein, wenn jemand Wildfremdes dir Gummibärchen anbietet. Dasselbe gilt auch für Schokoriegel – auch wenn's deine Lieblingssorte ist. Und für Kaugummi – auch wenn er zuckerfrei ist.«

»Ist klar«, nickte Leo.

Der Neinrich redete schon weiter: »Sag Nein, wenn ein Unbekannter dich im Auto mitnehmen will. Das gilt auch, wenn er sagt, deine Mutter habe ihn geschickt. Oder wenn er sagt, er sei ein Freund deines Vaters. Oder wenn er sonst irgendwas sagt.«

»Okay, okay«, sagte Leo. »Das weiß ich alles längst.«

»Ich bin aber noch lang nicht fertig«, sagte der Neinrich. Er stand jetzt gegen den Briefbeschwerer gelehnt und zählte weiter auf. »Sag Nein, wenn dich jemand fragt, ob du weißt, wo die Herbststraße ist. Oder die Frühlingsgasse, der Sommerplatz oder das Restaurant Winter.«

»Wenn ich's aber weiß?«, fragte Leo.

»Auch dann«, beharrte der Neinrich. »Erwachsene sollen gefälligst Erwachsene nach dem Weg fragen. Basta.«

»Noch was?«, fragte Leo.

»Na klar«, nickte der Neinrich. »Jetzt komm ich erst so richtig in Fahrt. Sag Nein, wenn der große Bruder deiner Freundin sagt: Na komm schon! Weit und breit kein Auto in Sicht! Da kann man auch bei Rot über die Straße gehen.«

Leo nickte, als er an Sarahs großen Bruder dachte.

Der Neinrich redete schon weiter. »Sag Nein, wenn auf dem Spielplatz einer zu dir sagt: ›Spring vom Klettergerüst runter, oder traust du dich vielleicht nicht?!‹«

»Noch was?«, fragte Leo.

»Selbstneinend«, sagte der Neinrich. »Mir gehen die Neins selten aus. Sag Nein, wenn sich beim Bäcker die Frau, die gegenüber wohnt, wieder einmal vordrängeln will. Und entweder so tut, als hätte sie dich nicht gesehen, oder so was sagt wie: ›Du hast doch bestimmt mehr Zeit als ich!‹«

»Einfach Nein sagen?«, fragte Leo zweifelnd. »Das kann man machen, wenn man ein Kind ist? Ist das nicht unhöflich?«

»Unhöflich sind die, die sich vordrängeln«, sagte der Neinrich bestimmt.

»Bist du fertig?«, fragte Leo.

»Gleich«, sagte der Neinrich. »Sag Nein, wenn dir wer näher kommt, als du möchtest. Das gilt für alle verwandten und nicht verwandten Streichler, Anfasser und Knutscher.«

»Einfach Nein sagen zu Tante Karin?«, fragte Leo zweifelnd. Aber der Gedanke gefiel ihm.

»Einfach Nein sagen«, bestätigte der Neinrich. »Sie kommt drüber weg. Garantiert.«

»Redest du mit dir selber?«, fragte Leos Mutter. Sie stand in der Tür und schaute ihn verwundert an.

»Nein«, sagte Leo wahrheitsgemäß.

Der Neinrich marschierte auf den Zeichenblock und legte sich flach auf den Rücken. »Fröhliches Neinsagen!«, rief er und war im nächsten Augenblick wieder eine Zeichnung auf einem weißen Blatt Papier.

»Es gibt gleich Abendessen«, sagte Leos Mutter. »Deckst du den Tisch?«

»Ja«, sagte Leo.

»Aber wasch dir vorher die Hände«, fügte sie mit einem Blick auf Leos bunte Finger hinzu.

»Ja«, sagte Leo.

So viel war klar: Das hier war zum Neinsagen nicht die richtige Zeit. Aber die würde schon noch kommen!

Der Neinrich

Ralf Isau

Der Junge, der das Nordlicht stahl

Es war einmal ein kleiner Junge, der lebte mit seinem Vater und seiner Mutter im ewigen Eis des Nordens. Der kleine Junge und seine Eltern waren Eskimos. Sie selbst nannten sich allerdings lieber »Inuit«. Dieses Wort bedeutet »Menschen«, nicht mehr. Es klingt aber doch wesentlich angenehmer als »Rohfleischesser«, was die Bedeutung des Wortes »Eskimo« ist.

Weit weniger bekannt ist, dass die Inuit wahre Unterhaltungskünstler sind. Nein, nicht Eisbärbändiger, Eisspucker oder Eisverkäufer. Die Inuit verstehen es einfach, sich meisterlich zu *unterhalten,* stundenlang miteinander zu *reden.* Vielleicht liegt das an den merkwürdig langen Tagen und Nächten in ihrem Land. Wenn die Sonne wieder einmal für mehrere Wochen hinterm Horizont versinkt, dann hocken die Inuit beisammen und erzählen sich Geschichten und reden und klatschen und tratschen und schwätzen und klönen und … Na ja, man kann sich denken, wie das weitergeht.

So auch in jener sternenklaren Nacht, in der unsere Inuit-Familie vor ihrem Iglu saß und staunend zum Himmel emporblickte. Es war das Nordlicht, von dem sich alle drei verzaubern ließen. Wie ein riesiger Vorhang aus buntem Licht flatterte es über ihren Köpfen, unentwegt bewegt von einem Wind, den keiner sah und niemand spürte.

»Woher kommt das Nordlicht?«, fragte der kleine Inuit.

Anstatt direkt zu antworten, fragte seine Mutter zurück: »Was ist deine Lieblingsfarbe, Inuki?«

Inuki war der Name des kleinen Jungen.

»Rot«, sagte dieser sogleich.

»Gut«, erwiderte die Mutter.

»Und Grün«, fügte Inuki ernst hinzu.

Mutter nickte verstehend.

»Aber Blau auch«, erinnerte sich Inuki. »Blau ist auch meine Lieblingsfarbe.«

Vaters Gesicht lächelte still im Rahmen seiner dicken Pelzkapuze.

»Schön«, sagte Mutter, nachdem sie sicher war, dass Inuki keine weiteren Farben mehr einfallen würden. »Du wolltest also wissen, woher das Nordlicht stammt. Hör gut zu: Die Welt ist viel größer, als du glaubst, Inuki …«

»Größer als die Eiswüste?«, fiel ihr Inuki ins Wort.

»Sehr viel größer!«, versicherte Mutter, während sie mit dem Messer einen großen Kreis in den Schnee ritzte. »Und überall gibt es Menschen. Wir leben hier.« Sie pikte mit ihrer Messerspitze ein Loch ganz oben in den geritzten Erdkreis.

»Machen die Menschen das Nordlicht?«, fragte Inuki.

»Du bist ein kluger Junge!«, lobte die Mutter. »Jedes gute Wort, das die Menschen tauschen, gibt einen Tropfen von schneeweißem Licht, aber jedes besonders liebe Wort ergibt ein buntes Lichtlein – zum Beispiel in Rot, in Grün oder in Blau.«

»Und was geschieht mit den vielen Lichttröpfchen?«, wollte Inuki wissen.

»Sie werden vom Hüter der himmlischen Lichter gesammelt«, erklärte die Mutter mit großem Ernst. »Jeden einzelnen Tropfen fängt er in einem Walrosshorn auf; du weißt schon, diese großen Zähne, die den Walrössern aus dem Maul wachsen.«

Inuki nickte. »Und was passiert, wenn das Horn voll ist?«

»Dann gießt der Hüter es wieder über die Menschenwelt aus«, antwortete die Mutter.

»Und das ist dann das Nordlicht!«, rief Inuki.

»Ja«, sagte Mutter. »Jedem, der es sieht, wärmt es das Herz und es dauert nicht lange, da spricht er wieder mit jemandem. Er sagt etwas Nettes, Liebes …«

Inuki klatschte in die Hände und rief fröhlich dazwischen: »Und bald gibt es wieder ein neues Nordlicht!«

Vater lächelte in seiner Kapuze.

Damals war alles noch anders.

Es vergingen ein paar Jahre und für Inuki änderte sich viel. Seine Eltern zogen mit ihm in ein kleines Haus. Es besaß nur einen einzigen Raum, wie ein Iglu aus Holz und Stein, nur eckig. Sie schliefen jetzt in richtigen Betten, Mutter kochte an einem richtigen Herd und in einer Zimmerecke stand ein richtiger Fernsehapparat.

Das alles sei sehr wichtig, man müsse es unbedingt haben, hatten Onkel und Tanten, Freunde und Nachbarn gesagt. »Wer viel hat, der ist viel wert«, hatten sie so lange wiederholt, bis die Eltern mit Inuki ihren Iglu verließen und in die Straße zogen, in der sich die winzigen Häuschen endlos aneinander reihten.

In ihren Häusern konnten die Menschen das Nordlicht nicht mehr sehen. Wenn man nachts auf die Straße blickte, sah man nur noch das blassblaue Flimmern in den Fenstern. Es kam von den Fernsehern, die in den Stuben standen und die Menschen in reglos dasitzende Puppen verwandelten, die kaum mehr ein Wort miteinander sprachen.

Inukis Vater war selten zu Hause. Er baute Straßen. Mutter fertigte Eskimo-Handarbeiten, die von gelegentlich durchreisenden Touristen mit solcher Gier gekauft wurden, dass sich Inuki dafür schämte.

Das Geldverdienen sei nun mal nötig, sagte Vater, damit man sich kaufen könne, was man so braucht – den Fernseher, ein Auto, einen Videorekorder. »Bald wird alles ganz anders«, tröstete er Inuki. Aber Vater lächelte nicht mehr, wenn er das sagte.

Inuki war traurig. Er vermisste die Gespräche seiner Eltern, er vermisste die Geschichten seiner Mutter – und er vermisste das schillernde Nordlicht unter dem freien Himmel.

Eines Tages – Inuki spielte gerade am Boden mit seinen geschnitzten Figuren – fragte er seine Mutter: »Kann man den Hüter der himmlischen Lichter besuchen?«

»Wen?«, fragte diese zurück, während sie abwesend von ihrer Handarbeit aufblickte. »Ach, den Hüter. Den hatte ich schon fast vergessen. Großmutter erzählte mir einmal, das Nordlicht müsse dich im Traum berühren, dann könntest du den Hüter finden.«

»Ach so«, sagte Inuki und setzte sein Spiel fort.

Einige Tage später kam Vater müde von der Arbeit heim. Er hatte schlechte Laune und schimpfte, dass es schon wieder Fisch gebe. Mutter schimpfte zurück, das sei bei den Inuit wohl ganz normal. So ging es heftig hin und her, bis Vater sich schmollend vor den Fernsehapparat setzte und Mutter weinend zu Bett ging.

Auch Inuki weinte. Und er fasste einen Entschluss.

Als alles schlief, schlich er sich mit Schlafsack und Decken auf die Straße hinaus. Draußen flimmerten noch immer einige Fenster in kränklichem Fernsehblau. Inuki wanderte ans Ende der Straße und legte sich hinter einen großen Hügel aus Schnee und Eis. Dort wartete er auf das Nordlicht, damit zu Hause endlich wieder alles anders würde.

Inuki schlief so tief ein, dass er es nicht bemerkte, als das Nordlicht kam. Er träumte, mitten durch einen Wasserfall aus buntem Licht zu schreiten. Plötzlich stand er vor einem großen Thron aus Eis, in dem bunte Sterne funkelten, und darauf saß ein alter, weißhaariger Mann und lächelte ihm zu.

»Guten Tag, Inuki«, begrüßte er den Jungen. »Es ist lange her, dass ein Menschenkind zu mir gefunden hat.«

»Bist du der Hüter der himmlischen Lichter?«, fragte Inuki zaghaft.

»Du weißt, dass ich es bin. Ich weiß ja auch, wer du bist«, antwortete der Alte und im selben Moment hielt er ein großes Walrosshorn im Schoß.

Inuki war leicht verwirrt von dem plötzlichen Erscheinen dieses Horns, aber der alte Mann sah so nett und freundlich aus, dass der Junge schnell Zutrauen fasste und den Mut fand, sein Problem anzusprechen. »Es wird kaum noch miteinander gesprochen bei uns zu Hause. Meistens streiten meine Eltern nur noch.«

»Auch das weiß ich«, sagte der Hüter ernst. »Die Menschen sitzen in ihren Häusern und achten kaum noch auf das Nordlicht. Es lohnt gar nicht mehr, den kostbaren Inhalt meines Walrosszahns an sie zu verschwenden. Gerade eben fand ich nach langem wieder einen, der meine Gabe noch schätzt und dem ich ein paar schillernde Tropfen schenken konnte – Ausnahmen bestätigen die Regel. Aber sonst …«

»Kannst du nichts tun, damit alles wieder anders wird?«, bat Inuki. »Es wäre so schön, wenn wir wieder miteinander sprechen würden und wenn meine Mutter wieder ihre Geschichten erzählen und dazu Bilder in den Schnee ritzen würde.«

»Hm«, machte der Hüter der himmlischen Lichter nachdenklich. »Das ist schwierig. Lass mich eine Nacht darüber schlafen. Vielleicht fällt mir etwas ein, wenn die Sonne wieder scheint.«

Ehe Inuki sich versah, war dem Alten schon das Kinn auf die Brust gesunken und er schnarchte unangenehm laut.

Eine Nacht warten, das sei die Sache schon wert, dachte Inuki bei sich. Aber da fiel ihm eiskalt ein, dass die Sonne hier oben, so weit im Norden, erst wieder in zwei Monaten aufging. Nein, so lange wollte er nun doch nicht warten und er fasste den Entschluss, alles ganz anders zu machen.

Leise schlich sich Inuki zu dem schnarchenden Hüter. Mit aller Vorsicht zog er das Horn vom Schoß des alten Mannes. Die schlafschlaffen Hände gaben das geheimnisvolle Glitzerding widerstandslos frei.

Inuki wagte einen Blick hinein und es wurde ihm ganz

schwindelig vor lauter Lichtpünktchen, die darin herumwirbelten wie ein Schwarm bunter Leuchtfische.

Auf Zehenspitzen stahl er sich samt Horn vom Eisthron weg, zurück durch den Wasserfall aus Licht, und plötzlich stand er wieder im Haus seiner Eltern. Vater war vor dem Fernseher eingenickt, Mutter lag schlafend im Bett.

Nur ganz wenige Tropfen Nordlicht müssten genügen, überlegte Inuki wie ein Doktor, der ein Rezept verschreibt. Dann neigte er den großen Walrosszahn ein ganz klein wenig. Er war überzeugt, dass die Herzen seiner Eltern sich wieder erwärmen würden, wenn sie der Schein des Nordlichts berührte. Dann würde alles wieder anders werden.

Das Horn war aber ziemlich unhandlich und, wie Inuki glaubte, nach der Flucht vom Eisthron auch immer schwerer geworden. So konnte er nicht verhindern, dass es kippte und sich ein Schwall bunten Lichts – viel mehr, als sein Rezept vorsah – in das Zimmer ergoss. Ein wahres Feuerwerk erhellte den Raum in tausend Farben – vor allem Rot, Grün und Blau.

Man kann sich denken, was für einen Riesenschreck Inuki bekam, wenn ihn auch wunderte, dass seine Eltern in tiefem Schlummer weiterschliefen. Es gelang ihm, das Walrosshorn wieder aufrecht zu halten, damit nicht alles Nordlicht verschüttet wurde.

Irgendwie war wieder alles anders gekommen, als er vermutet hatte.

Verschreckt, wie er war, stürzte Inuki auf die Straße hinaus, rannte bis zu ihrem Ende und machte erst wieder Halt, als er auf dem Hügel bei seinem Schlafsack stand. Ihn plagte das schlechte Gewissen. Er hatte einfach das Nordlichthorn weggenommen. Eigentlich hatte er es sich ja nur ausborgen wollen, aber wie sollte er es jetzt zurückgeben? Er konnte das Nordlicht doch nicht selbst über sich ausgießen, während er schlief!

Also war er ein Dieb, erkannte er mit Schrecken: der Junge, der das Nordlicht stahl. Er malte sich phantasievoll aus, wie die Leute verständnislos und empört die Köpfe schütteln würden, wenn sie von seinem Raubzug erführen. Inuki schämte sich. Das war das Einzige, was er tun konnte. Kraftlos ließ er das Lichthorn in den Schnee sinken, kletterte zu seinen Decken hinab und begann bitterlich zu weinen. Warum nur musste immer alles anders kommen?

Über seinen Tränen schlief Inuki schließlich ein.

Es war sicher nur eine Unachtsamkeit, die zu dem führte, was nun geschah: Während Inuki gegen düstere Träume ankämpfte, tropfte allmählich das Nordlicht aus dem achtlos liegen gelassenen Walrosszahn – direkt auf ihn herab. Erst nur ganz wenig, aber dann doch genug, um den Jungen noch einmal vor den Wasserfall aus Licht zu führen.

Er war selbst verwundert, als er mit dem Lichthorn in den Armen den schillernden Vorhang durchschritt und mit einem Mal wieder vor dem Eisthron stand.

Der Hüter der himmlischen Lichter schnarchte immer noch.

Inuki schlich sich leise an den glitzernden Thron heran und legte dem Alten das Walrosshorn in den Schoß. Zuletzt tauchte er die Fingerspitze in den kläglichen Rest des Nordlichts und spritzte ein wenig davon aufs Gesicht des weißhaarigen Hüters.

Der begann sogleich zu schnaufen, verzog ziemlich komisch die Nase und öffnete dann die Augen. »Was ist geschehen?«, fragte er den Jungen, der ihn erwartungsvoll anstarrte.

Inuki begann mit einem Mal zu lachen – froh darüber, dass der Alte seinen Streich wohl nicht bemerkt hatte – und rief erleichtert: »Es ist alles anders gekommen. Aber jetzt muss ich schnell nach Hause zu meinen Eltern. Auf Wiedersehen, Hüter der himmlischen Lichter.«

»Na, dann ist ja gut«, sagte dieser. »Auf Wiedersehen Inuki. Lebe wohl und vergiss nie, mit anderen ein paar nette Worte zu wechseln. Du weißt ja …« Der Hüter hob das fast leere Walrosshorn vom Schoß auf und wollte es Inuki zeigen. Da fiel sein Blick auf den jämmerlichen Rest von Nordlicht, der noch übrig geblieben war.

Ehe sich der Hüter an Inuki wenden konnte, war dieser schon durch den Wasserfall aus Licht verschwunden. Der Alte lächelte. Inuki konnte nicht mehr hören, wie der Hüter in sich hineinmurmelte: »Was für ein Spitzbube, der Kleine! Wenn ich wirklich eingeschlafen wäre, hätte er mir doch glatt das Nordlicht gestohlen …«

Inuki fand sich am nächsten Morgen in seinem Bett wieder, ohne Schlafsack und Decken – er hatte sich wahrscheinlich freigestrampelt, in irgendeinem merkwürdigen Traum.

Mutter und Vater saßen am Tisch, frühstückten – und *sprachen* miteinander! Beide lächelten – sie hatten sich wohl wieder vertragen – und Inuki hörte Vater zu Mutter sagen: »Ich liebe dich!«

Dann bemerkten sie ihren erwachten Sohn. Mutter drückte ihn an sich und Vater erklärte: »Wir haben uns so einiges überlegt. Wir werden jetzt alles ganz anders machen. Es wird uns bestimmt nicht schlechter gehen, wenn wir ein bisschen weniger Geld und dafür mehr Zeit füreinander haben. Wir könnten dann wieder zusammensitzen und uns miteinander unterhalten. Was hältst du davon, mein Junge?«

»Wird Mutter dann auch wieder Geschichten erzählen und dazu Bilder in den Schnee ritzen?«, fragte Inuki. Irgendwie klang er noch ein wenig misstrauisch.

»Selbstverständlich!«, versicherte Mutter. »Das gehört doch dazu, oder?«

Jetzt strahlte Inuki vor Glück und seine Augen leuchteten, als hätte er eine Riesenportion Nordlicht geschluckt.

Von diesem Tag an wurde alles anders. Nicht mehr so wie früher vor dem Iglu. Aber trotzdem schön.

Nach dem Frühstück kamen einige Nachbarn und wollten wissen, welches Fernsehprogramm Inukis Familie in der vergangenen Nacht gesehen habe. An den Fenstern habe man helle, bunte Lichter bemerkt, ein wahres Feuerwerk. Aber alles Herumschalten hätte nichts geholfen. Niemand hätte ein so buntes Programm finden können.

Ein anderer Straßenbewohner brachte einen Schlafsack und einige Decken, die er am Ende der Straße im Schnee gefunden hatte. Ob sie wohl Inuki oder seinen Eltern gehörten?

Dann war es also doch kein Traum gewesen?, überlegte Inuki und sah seine Eltern an, die ebenso verwundert dreinschauten wie er selbst.

Die Sache wurde auf Eis gelegt. Es gab schließlich so viel anderes, über das man reden, so viele Geschichten, die man sich erzählen konnte.

Das blassblaue Licht des Fernsehers flimmerte von diesem Tage an seltener bei Inuki zu Hause. Man hatte nicht mehr so viel Zeit dafür, weil man miteinander sprach.

Dafür spazierte Inuki mit seinen Eltern in den langen Polarnächten unter dem Nordlicht und erzählte ihnen eigenartige Geschichten von einem Jungen, der sich vom Hüter der himmlischen Lichter das Nordlicht auslieh, weil er erkannt hatte, dass Schweigen und Nichtstun selten eine Not lindert, sondern das Leben höchstens dunkler macht.

Elisabeth Zöller

Die Geschichte von der Wolke

Es war mal eine Wolke, die sah aus wie ein Schaf. Deshalb lachten die anderen Wolken sie aus.

Da weinte die Wolke.

Sie weinte so fest, dass es auf der Erde regnete und die Menschen ihre bunten Regenschirme aufspannten. Das war ein lustiges Bild und die Wolke musste plötzlich lachen.

Dabei schüttelte sie sich so sehr, dass sie gar nicht mehr aussah wie ein Schaf, sondern wie ein großes weiches Bett.

Und als es Abend wurde, kam der Mond und legte seinen Kopf in die Wolke und er brummelte dabei vor Zufriedenheit.

Da freute sich die Wolke so, dass sie sich ordentlich aufplusterte und dick und froh und zufrieden davonsegelte.

Und keiner lachte sie mehr aus. Im Gegenteil, die andern fragten sie sogar: »Wie hast du das gemacht? Du bist die schönste und weichste Wolke.«

»Ganz einfach«, sagte sie, »ich habe geweint und gelacht und …«, setzte sie nach einem Zögern hinzu, »ich habe niemanden ausgelacht.«

Angelika Glitz

Heinz Hase sucht einen Schatz

Eines Morgens sprach Heinz Hase zu sich: »Mein größter Wunsch ist es, einen Schatz zu finden.«

Also packte er seinen Seesack und machte sich mit großen Hasensprüngen auf den Weg zum Hafen.

Dort sonnte Kapitän Goldjammer gerade gemütlich seinen Bauch an Deck.

»Haseldrioh, Käpt'n«, rief Heinz ihm den Hasengruß zu. »Nehmt ihr wohl einen Schatzsucher auf eurem Schiff mit?«

Kapitän Goldjammer schoss aus seinem Liegestuhl hoch und grinste, dass seine Goldzähne blitzten. »Schatzsucher sind mir die liebsten Gäste!«, säuselte er. »Komm nur herauf, du Hase. Und bleib so lange, bis du einen Schatz gefunden hast – he, he!«

»Wirklich sehr freundlich«, sagte Heinz. Und – hops – sprang er an Bord.

Von da an suchte Heinz Hase mit dem Fernrohr das weite Meer ab.

Am ersten Tag entdeckte er eine leere Limonadendose. Am zweiten Tag fand er einen löchrigen Socken, der an eine Heulboje gebunden war.

Und am dritten Tag stupste ihm Goldjammer seinen dicken Kapitänsfinger an die Nase. »Sag mal, Hase, wo is' eigentlich deine Schatzkarte?«

»Schatzkarte?«, fragte Heinz Hase. »Was denn für eine ...«

Goldjammer packte ihn an den Hasenohren. »Sag bloß, du hast keine Schatzkarte! Wie willst du denn dann meinen – eh – deinen Schatz finden, du Blödhase?«

Heinz kratzte sich die Hasenohren. »Vielleicht könnte ich jemanden fragen, der sich hier gut auskennt«, schlug er vor.

»Aber schnell, schnell«, brüllte Goldjammer. »Sonst schmeiße ich dich nämlich über Bord.«

In diesem Moment schwamm zum Glück ein schwabbeliger Krake vorbei.

»Haseldrioh, Krake«, grüßte Heinz den Achtbeinigen. »Weißt du, wo ich hier einen Schatz finden kann?«

»Na klar, ich weiß alles«, blubberte der Krake. »Genau da entlang.« Er zeigte mit ihren Schlangenarmen in acht verschiedene Richtungen.

»Na bitte, hier gibt's überall Schätze«, sagte Heinz Hase.

»Ich will aber nicht irgendeinen Schatz«, donnerte Goldjammer. »Ich will den allergrößten Schatz!«

Da klopfte Heinz ihm beruhigend auf die Schulter und kramte lächelnd einen alten Hasenpfennig hervor. »Sieh, dieser Hasenpfennig wird mir den Weg zum allergrößten Schatz verraten.« Schwups, schmiss er ihn hoch in die Luft.

»Rarrr, rarrr«, schoss eine Möwe herbei. Die fing den Pfennig mit dem Schnabel – und ließ sich vom Wind dem Horizont entgegentragen.

»Wie freundlich von der Möwe, uns den Weg zu zeigen«,

freute sich Heinz Hase. »Und wenn du jetzt noch paddeln würdest, Käpt'n, finden wir den Schatz noch mal so schnell.«

Da legte sich Goldjammer volle Kraft in die Riemen.

Und Heinz Hase rief: »Los, schneller Käpt'n! Immer der Möwe nach! Schneller, schneller.«

Goldjammer hing vor Anstrengung bald die Zunge aus dem Hals. Wütend zischte er vor sich hin: »Sobald ich mir den Schatz unter den Nagel gerissen habe, kaufe ich mir ein Motorboot. Dann habe ich zum letzten Mal gepaddelt. Jawohl! Und so 'nen Blödhasen nehme ich auch nie mehr mit.«

Die Möwe brachte sie zu einer kleinen Insel mit Palmen, die im Wind wedelten. Dort ließ sie den Pfennig in den Sand plumpsen.

Goldjammer war sofort wieder frisch. Seine Augen leuchteten wie Diamanten. »Wer den Schatz als Erster findet, dem gehört er allein!«, schrie er. Dann stürzte er sich kopfüber in den Sand und begann wie ein Maulwurf zu graben.

Und Heinz Hase hüpfte derweil in den Dschungel, um sich ein wenig umzusehen.

Kapitän Goldjammer hatte noch nicht einmal die kleinste Muschel gefunden, da hallte es fröhlich aus dem Dschungel hinaus: »Haseldrioh! Ich habe einen Schatz gefunden! Den größten Schatz, den ein Hase nur finden kann!«

»Was!« Goldjammer wurde vor Wut grün wie die Dschungelblätter. »Dieser Hasenschuft«, schrie er. »Dieser Dieb!« Er sprang aus dem Loch, hechtete über den Strand in den Dschungel und brüllte: »Schatz her oder Leben!«

Da blieb er wie vom Donner gerührt stehen.

Vor seiner dicken Nase tanzte Heinz Hase mit roten Ohren

Heinz Hase sucht einen Schatz

über eine Dschungellichtung. An seine Hasenbrust hielt er eine kleine Häsin mit ebenso roten Ohren gedrückt. Beide Hasen sangen aus vollem Hals: »Ich habe meinen Schatz gefunden. Ich habe meinen Schatz gefunden.«

Goldjammer musste sich vor Schreck erst mal ins Dschungelgras setzen. »A-a-a-aber das ist doch kein Schatz«, stotterte er.

»Na klar, der allersüßeste Schatz«, grinste Heinz. »Schmatz!«, knutschte er seinen Schatz auf die allersüßeste Hasenschnute.

Da kehrte Goldjammer wieder an den Strand zurück, um weiter nach seinem Schatz zu graben.

Die rote Sonne tauchte langsam ins Meer.

Ach ja – und Heinz Hase und sein Schatz schipperten Pfote in Pfote in die Karibik – Flitterurlaub machen.

Irmgard Lindner

Die Elfe und der Wollomolch

»Warum schläfst du nicht?«, fragte der Großvater und das Licht fiel vom Gang durch die halb geöffnete Tür in das kleine Zimmer.

»Ich weiß nicht!«, sagte Melina, aber sie wusste es genau.

Und der Großvater wusste es auch. Er seufzte und strich sich mit der linken Hand ganz leicht über den schwarzen Schnauzbart. Dann schloss er die Tür hinter sich, schlurfte die vier Schritte zu Melinas Bett und setzte sich auf die Kante.

Es war ganz still jetzt, nur das Meer rauschte. Der Mond schien durch das schmale Fenster und Melina sah das schwarze Wasser, dunkel und unheimlich, nur ein Streifen schimmerte weiß und silbern, dort schien der Mond auf das Meer.

»Es geht ihr gut, Melina«, sagte der Großvater, »du musst mir glauben. Deiner Großmutter geht es sehr gut!«

Melina sah durch das Fenster auf das Meer, der silberne Streifen wogte auf und ab. »Wo ist sie jetzt?«, fragte sie, denn dass ihre Großmutter auf dem Friedhof liegen sollte, unter dem schweren weißen Stein, das konnte sie nicht glauben. Der Friedhof lag außerhalb des Dorfes, oben in den Hügeln, und die Straße, die zu ihm hochführte, war staubig und kaum befahren. Nur windzerzauste Zypressen standen an der weißen Friedhofsmauer. Mit wem sollte die Großmutter dort reden, mit wem lachen, für wen kochen? Melina blickte zu ihrem Großvater hoch, der jetzt auch aus dem Fenster auf das Meer und den Mond starrte.

Dann gab er sich einen Ruck, nahm Melinas Hand in seine linke und zeigte mit dem rechten Arm nach draußen. »Dort«, sagte er, »siehst du, dort oben ist deine Großmutter!«

Melina folgte dem ausgestreckten Arm ihres Großvaters. »Auf dem Mond?«, fragte sie ungläubig. »Oma ist auf dem Mond?«

Der Großvater biss auf seinem Schnurrbart herum. »Jaja«, sagte er schnell, »dort oben. Da ist es sehr schön. Und den Menschen, die dort hinkommen, geht es sehr gut, hab ich gehört.«

Melina setzte sich auf und starrte auf den Mond. »Von wem hast du das gehört?«

Der Großvater räusperte sich. »Man hört so allerlei, weißt du, dies und das, von dem und jenem!«

Melina sah den Mond an, der noch nicht ganz voll war, dreiviertel ungefähr. Sie hatte von ihrer Großmutter gelernt, woran man erkennen konnte, ob der Mond zu- oder abnahm. Wenn die Sichel links herum gebogen ist, nimmt der Mond ab, wenn sie rechts herum gebogen ist, nimmt er zu. Jetzt nahm er zu.

Melina sah wieder ihren Großvater an. »Woher weiß man denn, dass es den Menschen dort gut geht?«

Der Großvater rutschte auf der Bettkante hin und her.

»Also, das ist so«, murmelte er schließlich. »Auf dem Mond leben nicht nur Menschen, die vorher auf der Erde gelebt haben, sondern auch Elfen und die kommen in bestimmten Nächten auf die Erde und überbringen den Menschen Grüße von ihren Verwandten auf dem Mond.«

Melina blickte ihren Großvater verwundert an, dann wandte sie den Kopf wieder dem Mond zu. »Und wie kommen die Elfen hier herunter?«

Der Großvater hustete ein wenig und betrachtete das Meer, das im Mondschein blinkte. »Die Elfen tanzen auf den Mondstrahlen wie die Seiltänzer im Zirkus. Sie sind nämlich sehr klein, ungefähr so«, und der Großvater zeigte mit Daumen und Zeigefinger, wie groß die Elfen sind.

»So groß wie ein Klebestift?«, fragte Melina.

»Ungefähr«, antwortete der Großvater. »Aber sie müssen unten auf der Erde eine Befestigung für ihren Mondstrahl haben. Deshalb muss man einen Zeh aus dem Bett strecken, und wenn ein Mondstrahl genau auf den Zeh trifft, dann kann die Elfe vom Mond auf die Erde tänzeln.«

Melina streckte sofort das rechte Bein unter der Decke hervor und sah angestrengt aus dem offenen Fenster, aber das Meer blinkte und glitzerte so sehr, dass Melina nicht erkennen konnte, ob ein einzelner Mondstrahl in ihr Zimmer fiel.

»Aber man muss aufpassen«, spann der Großvater den Faden weiter. »Denn die Elfen haben Feinde auf der Erde.«

Melina riss ihren Blick von dem Zeh und sah den Großvater erschrocken an.

»Die fürchterlichen Wollomolche. Sie sind so groß wie ein Hund und über und über mit gelbem Fell bewachsen. Sie haben einen struppigen blonden Bart und blaue stechende Augen. Und sie brüllen entsetzlich.«

Melina sah ihren Großvater misstrauisch an. Der Großvater erzählte ihr fast jeden Abend Geschichten. Und immer wieder kamen darin Monster vor, die so aussahen wie diese Wollomolche, von denen er jetzt erzählte. Aber das, worüber er gerade sprach, das war doch keine Geschichte!

Der Großvater sah den misstrauischen Blick seiner Enkelin und seufzte leise. Die Monster, die immer wieder in seinen Geschichten vorkamen, sahen aus wie sein ehemaliger Chef, von dem er viel Gebrüll hatte ertragen müssen. Aber das brauchte Melina ja nicht zu wissen.

»Und diese Wollomolche«, fuhr der Großvater fort, »diese schrecklichen Wollomolche jagen die Elfen, um sie zu verspeisen!«

»Oh, nein!«, rief Melina und hatte ganz vergessen, dass sie kurz vorher noch daran gezweifelt hatte, ob es überhaupt auch nur einen einzigen Wollomolch gab.

»Aber die Elfen sind sehr schnell und geschickt«, sprach der Großvater beruhigend weiter. »Sie sind so zierlich und so wendig und die Wollomolche sind so plump und schwerfällig, dass sie die Elfen nicht erwischen.«

Der Mond schien auf das schmale Holzbett und der Großvater sah, dass Melinas Augen immer noch schreckgeweitet waren. »Schau«, sagte er, »da ist ein Mondstrahl!«

Und tatsächlich fiel ein Mondstrahl in das Zimmer, genau auf Melinas Zeh.

»Hui«, sagte Melina und lächelte. Und in diesem Augenblick – Melina sah ganz genau hin und beugte sich ein wenig vor, passte aber auf, dass sie ihren Zeh nicht bewegte –, in diesem Augenblick tänzelte etwas auf diesem Mondstrahl. Es war silbern und so groß wie ein Klebestift. Ein winziges Figürchen in einem silbernen Kleidchen, das ihm bis zu den Waden reichte, mit kleinen Ärmchen und kleinen Füßchen, die in kleinen silbernen Schuhen steckten. Auf dem Rücken hatte es Flügel, wie Schmetterlingsflügel, die waren fast durchsichtig und mit winzigen silbernen Fäden durchzogen.

»Siehst du sie?«, hauchte Melina und wagte nicht, sich zu rühren.

»Jaja«, sagte der Großvater und fuhr sich mit der Hand über das Gesicht.

Und dann klingelte etwas, ganz leise und fein, als ob Miniaturglöckchen aneinander klirrten. »Ich bin Heliala!«, sagte die Elfe.

»Ich heiße Melina«, wisperte Melina.

»Dich habe ich gesucht«, klingelte Heliala, »ich soll dir Grüße von deiner Großmutter sagen. Sie hat dich sehr lieb und denkt oft an dich.«

Melina schluckte. »Wie geht es ihr?«

»Es geht ihr ausgezeichnet«, klingelte Heliala. »Jeden Morgen läuft sie zum Strand, dort schwimmt sie und tanzt und lacht mit den Elfen. Sie essen zusammen, denn es gibt von allem genug, deine Großmutter trinkt Elfenwein und plaudert mit den anderen Menschen.«

Melina sah zum Mond. »Dort oben?«, fragte sie.

»Ja«, klingelte Heliala und zeigte mit ihrer silbernen Hand zum Mond, »dort oben. Da gibt es grüne Wiesen mit bunten Blumen und Seen und Wälder und kleine Hütten. Und es ist

warm und die Sonne scheint den ganzen Tag. Und nachts, wenn deine Großmutter schläft, träumt sie von dir.« Dann drehte Heliala sich auf den Zehenspitzen um und winkte mit ihrer silbernen Hand.

»Warte«, flüsterte Melina schnell, »sag Oma, dass ich sie auch sehr lieb habe und dass ich oft an sie denke. Und ich will auch von ihr träumen, wenn ich schlafe.«

Heliala nickte. Zumindest kam Melina das so vor und sie streckte die Hand nach der kleinen Elfe aus. Aber dabei bewegte sie ihren Zeh und Heliala verschwand.

Melina hielt in der Bewegung inne und erschrak. »Wo ist sie jetzt?«, rief sie, sprang auf und stand auf dem Bett.

»Beruhige dich, Melina«, sagte der Großvater, »es ist doch nichts geschehen. Sie ist auf ihrem Mondstrahl zurückgetanzt zum Mond.« Und er griff nach Melinas Hand.

Melina ließ sich auf das Bett plumpsen, aber dann fiel ihr etwas Schreckliches ein. »Und die Wollomolche!«, rief sie. »Vielleicht hat ein Wollomolch Heliala gefressen!« Und Melina sprang wieder auf und starrte angstvoll in die dunklen Ecken.

Der Großvater erhob sich und legte einen Arm um Melinas Schultern. »Nein, nein, Melina. Da ist kein Wollomolch. Ich hab dir doch gesagt, Elfen sind viel zu schnell für die dicken Wollomolche. Du hast doch gesehen, wie flink Heliala ist und wie schnell sie auf dem Mondstrahl lief!«

Melina ließ sich widerstrebend zurück in die Kissen ziehen. »Und da war bestimmt kein Wollomolch, da in der Ecke hinter dem Schrank?« Melina zeigte auf den alten Holzschrank neben der Tür.

»Ganz sicher nicht!«, sagte der Großvater. Er ging die vier

Schritte zum Schrank, stellte sich vor die Ecke und machte: »Buh!«

Melina musste lachen.

»Siehst du«, sagte der Großvater, »kein Wollomolch.«

Melina nickte, aber ganz überzeugt war sie nicht. »Und wenn Heliala wiederkommt und der Wollomolch ist doch da?«

Der Großvater räusperte sich. »Weißt du, ich glaube sowieso, dass die Wollomolche längst verhungert sind. Sie sind zwar furchtbar gierig und gefräßig, aber Heliala und die anderen Elfen sind so flink, dass die plumpen Monster nie eine von ihnen erwischt haben. Und da sind sie ausgestorben.«

Melina machte große Augen. »Ausgestorben?«

»Genau«, sagte der Großvater. »Plumpe, gefräßige Wesen, die nur herumbrüllen können und gemein sind, die sterben aus. So ist das!«

»Bestimmt?«, fragte Melina. Sie ließ sich in ihr Kissen sinken und machte die Augen zu.

»Ganz bestimmt!«, sagte der Großvater.

»Und Heliala war wirklich da?«, fragte Melina noch.

Der Großvater sah hinaus auf das Meer und den Mond, der immer noch auf die schwarzen Wellen schien und sie silbern färbte. »Oh, ja«, sagte der Großvater, »sie war wirklich da!«

Aber das hörte Melina schon nicht mehr, sie war eingeschlafen.

Milan

Die verrückte Eisenbahn

Es war einmal eine verrückte Eisenbahn. Sie wohnte in einem kleinen Spielzeuggeschäft. Dort wohnten noch viele andere Spielsachen, aber keines hatte den Beinamen »verrückt« oder »blöd« oder so etwas. Die anderen hatten schöne Namen. Die Puppe Lulia nannte jeder die hübsche Lulia. Eule Mitsch nannte jeder den weisen Mitsch. Und Kaspar Milloni nannte jeder den lustigen Milloni.

Nur die Eisenbahn Iv-Lokomotiv nannte jeder den verrückten Iv. Dabei war Iv überhaupt nicht verrückt. Iv war vielleicht nicht so hübsch wie Lulia oder so weise wie Mitsch oder so lustig wie Milloni. Aber Iv konnte trotzdem sehr zufrieden mit sich sein, denn er war nicht aus Eisen, sondern ganz und gar aus Holz.

Und damit hatte alles angefangen. Iv war aus Holz und konnte nicht alleine fahren. Für Iv war das kein Problem, er war zufrieden.

Leider lebte in demselben Geschäft auch Hermann, die elektrische Eisenbahn. Er hat Iv immer ausgelacht und ihm den Witznamen »verrückte Eisenbahn« gegeben. Eigentlich hat Hermann auch einen Beinamen gehabt: trotteliger Hermann.

Nur hatte keiner den Mut ihn so zu nennen, denn Hermann war groß und stark und hochnäsig. Viele hatten Angst vor ihm.

Iv nicht. Einmal erzählte er Lulia, dass es besser für Hermann wäre, Bücher zu lesen, statt Tag und Nacht wie ein wildes Tier herumzufahren. Iv fuhr nie wie ein wildes Tier herum. Er konnte ja auch gar nicht fahren. Aber er las sehr gerne Bücher.

Eines Tages fand er ein Buch, das sein ganzes Leben veränderte. Darin stand schwarz auf weiß: »Eine Holzlokomotive kann alleine fahren, wenn jemand oben auf dem Dach sitzt und das Zauberwort ›Tschtschtsch‹ spricht. Solange man dieses Wort hört, kann die Holzeisenbahn fahren.« In etwas kleineren Buchstaben stand daneben: »Der Holzzug darf nicht ohne Alarmsirene und ohne Schaffner fahren.«

Begeistert machte Iv sich an die Vorbereitungen für die Reise. Es dauerte nicht lange und er war für das große Abenteuer bereit.

Das heißt, nicht ganz. Iv-Lokomotiv hatte keine Ahnung, wo er denn eigentlich hinfahren sollte. Und er wusste auch nicht, wie er an den Ort gelangen sollte, von dem er keine Ahnung hatte, wo er war.

Als Hermann von Ivs Vorhaben hörte, begann er laut zu lachen und sagte mit eiserner Stimme: »Der Holzzug ist völlig plemplem geworden. Der verrückte Iv hat viel zu viele Bücher gelesen und das hat ihn noch verrückter gemacht.«

Als Iv das hörte, wurde er traurig. Er wurde so traurig, dass er all seine Pläne aufgeben wollte.

Das sahen der alte Clown Tra und seine Frau Lalala und sie wussten, dass sie etwas tun mussten.

Also fasste der alte Clown Mut und sagte: »Hör auf, Iv zu verspotten, du eiserner Trottel.«

»Du solltest lieber auch Bücher lesen«, fügte seine Frau Lalala hinzu. »Schade, dass die Kreuz- und die Querflöte verschollen sind. Sie würden dich schnell dazu bringen, ein Buch zu lesen.«

»Ja, wirklich schade«, meldete sich noch einmal der alte Clown, »dass die Flöten vor langer Zeit gestohlen wurden.«

»Wer hat das getan?«, fragte Iv.

»Das weiß man nicht«, sagte Frau Lalala mit trauriger Stimme. »Man weiß nur, dass sie in einer Truhe aus Holz liegen und dass sie nur ein Held, der ebenfalls aus Holz ist, daraus befreien kann.«

»Dann werde ich in die Welt hinausziehen und sie finden«, rief der mutige Iv.

Gesagt, getan. Um Mitternacht war er bereit sich auf die Suche zu machen. Und er war nicht allein. Die Puppe Lulia übernahm das Aufsagen des Zauberwortes »Tschtschtsch«. Die Eule Mitsch würde die Alarmsirene ertönen lassen: »Uhuuuu, uhuuuu!« Und der lustige Kaspar Milloni sagte, dass er schon immer davon geträumt habe, ein Schaffner zu sein. Und er hatte fleißig geübt, was er auf jedem Bahnsteig rufen musste: »Alles einsteigen, bitte! Der Zug fährt ab!«

Sie packten noch eine Menge Bücher ein und die Reise ins Unbekannte konnte beginnen.

Wer in dieser Nacht in den Himmel geguckt hat, konnte dort eine Eisenbahn fliegen sehen und ab und zu seltsame Stimmen hören. »Tschtschtsch«, »Uhuuuu, uhuuuu!«, »Alles einsteigen, bitte! Der Zug fährt ab!«

Früh am Morgen landeten sie in einem Dorf. Dort sahen sie ein kleines Mädchen, das weinte. Das Mädchen hieß Eselore und sagte, dass es weine, weil es keine Bücher kennen würde.

Da schenkte ihr die Puppe Lulia eins der Bücher, die sie eingepackt hatten.

Eselore war überglücklich, und als sie hörte, dass sie die Kreuz- und die Querflöte suchten, rief sie aufgeregt, dass sie ja wüsste, wo die Zauberflöten sind. Ihre Mutter, die faule Fee Eselinde, habe sie gestohlen und in einer Holztruhe versteckt. Sie wüsste auch, wo die Truhe sei, aber nur ein Held aus Holz könne sie öffnen.

Gemeinsam zogen sie los, fanden die Truhe und befreiten die beiden Flöten aus der Dunkelheit.

Dann fuhren sie alle zusammen zurück in den Spielzeugladen und feierten dort Iv-Lokomotiv als den großen Helden.

Der trottelige Hermann sagte nichts mehr. Er saß in einer Ecke und las ein Buch. So schön hatten die Zauberflöten gespielt.

Ulrike Kuckero

Der blaue Reiter

Es war einmal ein kleiner Junge, der war eigentlich genau so wie andere Kinder auch. Aber doch nicht ganz: Andere Kinder taten fast immer das, was sie tun wollten. Wenn sie schaukeln wollten, schaukelten sie. Sie aßen Eis, wenn sie Eis essen wollten. Abends ließen sie sich die Geschichte vorlesen, die sie hören wollten. Und morgens zogen sie sich genau die Sachen an, die sie anziehen wollten.

Mit dem kleinen Jungen war das anders: Er schaukelte nicht, wenn er schaukeln wollte. Er aß kein Eis, wenn er Eis essen wollte. Er ließ sich abends nicht genau die Geschichte vorlesen, die er hören wollte. Und morgens zog er sich ganz andere Sachen an als die, die er gern anziehen wollte.

Jetzt fragst du dich bestimmt, wieso das so war.

Das ist eine schwierige Frage.

Und für den kleinen Jungen ist es auch schwierig.

Denn manchmal will er sehr gern schaukeln, wenn er auf dem Spielplatz ist. Da steht er dann neben der Schaukel und schaut zu. Aber wenn ihn jemand nach einer langen Weile schließlich fragt: »Möchtest du auch schaukeln?«, so sagt er nur leise: »Weiß nicht.«

Wenn es heiß ist im Sommer, bekommt der kleine Junge von seiner Mutter etwas Geld, damit er sich wie die anderen Kinder ein Eis am Eiswagen kaufen kann. Da steht er dann in der Schlage und wartet. Aber wenn er nach einer langen Weile endlich dran ist und der Eismann ihn fragt: »Was für Eis möchtest du?«, so sagt er nur leise: »Weiß nicht.«

Dafür schämt sich der kleine Junge und läuft fort vom Eismann und fort von der Schaukel.

Am Abend, wenn der kleine Junge im Bett liegt und sein Vater oder seine Mutter ihm etwas vorlesen wollen, will er vielleicht die Geschichte von der kleinen Maus und dem Drachen hören. Aber wenn die Mutter ihn fragt: »Was soll ich dir vorlesen?«, so sagt er nur leise: »Weiß nicht.« Dann seufzt seine Mutter und liest irgendeine Geschichte vor, die nicht so lang ist.

Am Morgen möchte der kleine Junge vielleicht das gelbe T-Shirt mit dem weißen Pferd darauf anziehen. Doch seine Mutter hat ihm ein anderes hingelegt. Der kleine Junge geht nicht zum Schrank. Er holt nicht das gelbe T-Shirt mit dem weißen Pferd darauf. Nein, er zieht das andere Hemd an.

So geht der kleine Junge mit dem anderen Hemd zum Spielplatz in den Park. Dort steht er eine lange Weile neben der Schaukel, und als der Eismann kommt, geht er gar nicht erst hin.

Alles ist so wie immer. Fast. Denn auf einmal kam ein blaues Pferd den Weg unter den Bäumen entlanggeschritten. Und auf dem blauen Pferd saß ein blauer Reiter.

Der blaue Reiter hielt die blauen Zügel hoch und lächelte den kleinen Jungen an.

Der kleine Junge schnappte nach Luft. Wie schön war der blaue Reiter auf dem blauen Pferd!

Er stand neben der Schaukel und schaute zu, wie das blaue Pferd immer näher kam, bis es genau vor ihm stand.

Da beugte sich der blaue Reiter zu dem kleinen Jungen herunter und sagte: »Möchtest du mit auf meinem Pferd reiten?«

Der kleine Junge verschluckte sich fast. So ein schönes blaues Pferd! Und auf diesem schönen blauen Pferd sollte er sitzen und mit dem blauen Reiter reiten?

Da kamen auch schon die anderen Kinder von der Schaukel heruntergesprungen und vom Eiswagen zurückgelaufen und riefen: »Ich will! Ich will auch!«

Auf einmal wusste der kleine Junge nicht mehr, was er sagen sollte, und so sagte er wie immer leise: »Weiß nicht.«

In Gedanken stellte er sich vor, wie der blaue Reiter ein Kind nach dem anderen in seinen blauen Sattel hochheben und mit ihm davonreiten würde. Nur er selbst würde dort neben der Schaukel stehen bleiben und dem blauen Pferd nachschauen …

Doch nichts dergleichen geschah.

Der blaue Reiter beugte sich noch immer vor und das Pferd stand noch immer genau vor dem kleinen Jungen und schnaubte ihm leise ins Haar.

Da wusste der Junge plötzlich, was er sagen wollte. »Ja!«, rief er. »Ich will mit dir reiten!«

Der blaue Reiter nickte zufrieden und das blaue Pferd scharrte mit dem Huf und warf seinen Kopf hoch. Der Junge reichte dem blauen Reiter die Hand und – schwupp – saß er oben in dem blauen Sattel.

»Willst du die Zügel halten?«, fragte der blaue Reiter.

Der Junge brauchte gar nicht zu überlegen. »Ja!«, rief er. »Ich will die Zügel halten!«

Und schon hatte er die blauen Zügel in der Hand.

»Halte sie fester«, sagte der blaue Reiter.

Der Junge hielt die blauen Zügel fester.

Da wieherte das blaue Pferd kurz und los ging es.

Das Pferd lief über den Spielplatz, sprang über die Schaukel und den Eiswagen, sodass die anderen Kinder aufschrien und der Eismann seinen weißen Hut festhielt.

Schon galoppierte das blaue Pferd auf die Straße. Die Autos mussten bremsen und die Fahrer rieben sich die Augen. Ein blaues Pferd auf der Straße? Mit einem blauen Reiter und einem Jungen, der die blauen Zügel hält? Das hatte noch keiner zu sehen bekommen.

Schließlich rief der blaue Reiter dem Jungen ins Ohr: »Wo möchtest du hinreiten?«

Der Junge überlegte. Wo wollte er hinreiten?

Als er eine Weile überlegt hatte, wusste er, was er wollte. »Ich will über die Wiesen galoppieren!«, rief er und hielt die Zügel fester.

Da galoppierte das blaue Pferd über die Wiesen hinter dem Park und hinter dem Fluss.

Als der Junge genug galoppiert war, hielt er das Pferd an.

»Jetzt möchte ich nach Hause«, sagte er und freute sich schon auf das Vorlesen, denn heute wusste er genau, welche Geschichte er am Abend hören wollte.

Zum Abschied fragte der blaue Reiter den Jungen, der nun kein kleiner Junge mehr war: »Wie heißt du?«

»Felix«, sagte der Junge.

»Felix«, brummte der blaue Reiter, »was für ein schöner Name.«

Da wurde Felix rot vor Stolz.

Der blaue Reiter gab dem blauen Pferd die blauen Zügel frei. Es machte einen Satz und schon flog es über die Häuser und über den Park davon.

Felix schaute dem blauen Reiter nach. »Danke, blauer Reiter«, rief er. »Danke, blaues Pferd!«

Doch er war sich nicht sicher, ob der blaue Reiter und das blaue Pferd ihn gehört hatten.

Und weißt du, welche Geschichte Felix sich wohl an diesem Abend von seiner Mutter wünscht?

Als er im Bett liegt und seine Mutter ihn fragt: »Welche Geschichte möchtest du hören?«, sagt Felix: »Ich möchte die Geschichte vom blauen Reiter hören.«

Doch diese Geschichte kennt seine Mutter nicht.

Da erzählt Felix die Geschichte vom blauen Reiter selbst und seine Mutter hört zu und staunt.

Und am nächsten Morgen? Da möchte Felix das gelbe T-Shirt mit dem weißen Pferd darauf anziehen. Seine Mutter hat ihm wieder ein anderes hingelegt. Also geht er zum Schrank und holt es sich. Und was ist mit dem weißem Pferd darauf geschehen? Genau. Es ist ganz blau.

Manfred Witte

Frau Beermanns Blumen

»Mir reicht's!«, ärgerte Hanne sich. »Ich sag zu Frau Beermann nie mehr hallo, sie hat mir wieder nicht geantwortet.«

»Vielleicht hört sie schwer?«, überlegte Hannes Mutter.

Hanne schüttelte den Kopf. »Glaub ich nicht. Wenn man was sagt, guckt sie einen nämlich an. Ich denke, sie mag mich einfach nicht. Weshalb soll ich sie dann grüßen?«

»Weil das hier bei uns auf dem Dorf so üblich ist. Man grüßt seine Nachbarn«, sagte Hannes Mutter.

»Und wenn die das gar nicht wollen?«, wandte Hanne ein.

»Freundlichkeit kostet nichts«, sagte ihre Mutter.

Hanne war trotzdem sauer und das würde sie die alte Frau Beermann auch spüren lassen.

Schon am nächsten Tag ergab sich hierzu die Gelegenheit. Die alte Frau Beermann arbeitete im Vorgarten zwischen ihren Blumen. Sie hatte wundervolle Blumen, das musste man ihr lassen: Alles war voller roter, weißer und gelber Blüten, eine wahre Pracht. Dazwischen nahm sich die alte Frau in ihren dunklen Klamotten aus wie eine Krähe.

Eine hässliche, dicke Krähe!, dachte Hanne und erwiderte trotzig den Blick der alten Frau, sagte aber keinen Ton.

So!, dachte Hanne und ging vorbei. Das hat sie nun davon! Warum ist sie auch immer so muffig!

Hanne spürte den Blick der alten Frau in ihrem Rücken und plötzlich wurde sie unsicher. Sie blieb stehen, drehte sich um und ging die paar Schritte zurück. Ohne es zu wollen, tat sie das, sie wusste selbst nicht, wieso.

Warum sind Sie eigentlich immer so unfreundlich?, lag ihr schon auf der Zunge, aber als sie den Mund öffnete, kam etwas anderes heraus. »Was für schöne Blumen Sie haben!«, sagte sie stattdessen. »Nirgends gibt es so schöne Blumen wie hier in Ihrem Garten, Frau Beermann.«

Da ging eine verblüffende Veränderung in dem Gesicht der alten Frau vor sich. Es begann geradezu zu strahlen und ihr Mund verzog sich zu einem breiten Lächeln. »Ja, nicht?«, sagte sie. »Willst du welche?«

Und bevor Hanne etwas antworten konnte, hatte die alte Frau sich schon gebückt und einen Arm voller Blütenstängel abgebrochen.

»Hier!«, sagte sie und reichte sie Hanne über den Zaun. »Dieses Jahr sind die Chrysanthemen besonders schön, findest du nicht auch?«

Hanne nickte, obwohl sie gar nicht gewusst hatte, dass es Chrysanthemen waren. Sie bedankte sich, aber die alte Frau meinte, es sei nicht der Rede wert.

Doch, das ist es schon, dachte Hanne. Vielleicht frage ich Frau Beermann irgendwann einmal, weshalb sie immer so unfreundlich tut, obwohl sie es doch gar nicht ist. Aber dann dachte Hanne, dass sie sich das vermutlich doch nicht trauen würde, und jetzt war es ja auch egal, oder?

Hanna Jansen

Ein Bär so schwarz wie die Nacht

Linus, der große, nachtschwarze Bär, fiel auf.

Im Land der Bären gab es noch andere schwarze Bären. Keinen jedoch, der so groß und schwarz war wie Linus. Wo er hinkam, schien es ein wenig dunkler zu werden. Das behaupteten jedenfalls die anderen Bären.

Linus war aber nicht nur schrecklich schwarz. Er war auch schrecklich glücklich. Das war seine Natur. Er konnte gar nicht anders als glücklich sein. Immer lächelte er. Von morgens bis abends. Und sogar nachts, wenn er schlief. Es war erstaunlich. Denn es gab keinen Grund dafür. Er wusste selbst nicht, warum.

Sein schwarzes Lächeln aber wirkte so grimmig, dass sich die anderen fürchteten. Überhaupt war er den anderen Bären ganz und gar nicht geheuer. Sie waren alle sehr beschäftigt und gingen eifrig ihrer Arbeit nach.

Und Linus tat nichts. Er schlief oder wanderte durch die Stadt, sammelte auf, was die anderen fortwarfen, und lebte davon.

Manchmal juckte ihn gehörig das Fell. Dann tanzte er durch die Straßen. Brummte und drehte sich wie ein Kreisel. Sprang in die Luft, schlug Purzelbäume und hörte nicht auf, bis er völlig aus der Puste war. Zu Boden fiel und liegen blieb. Und sich nicht mehr rührte. Manchmal mitten auf der Straße. Ein großes, schwarzes Hindernis.

»Das geht zu weit!«, beschwerten sich die anderen Bären. »Wer sich so aufführt, muss eingesperrt werden.«

Sie ergriffen ihn und sperrten ihn in einen großen Käfig. Die Bärenkinder eilten aus Neugier herbei. Täglich kamen sie in Scharen. Sprangen um den Käfig herum und sangen Spottlieder.

»Schwarzer Bär,
komm doch her,
ich bin hier,
tanz mit mir!«

Und Ähnliches mehr.

Einige besonders Vorwitzige näherten sich den Gitterstäben. Hampelten mit Armen und Beinen. Streckten die Zunge heraus, verdrehten die Augen und spuckten nach ihm.

Linus saß da und lächelte. Hin und wieder lachte er laut.

In den Ohren der Bärenkinder klang es wie ein schauriges Heulen. Oder wie ein gefährliches Knurren. Sie kreischten vor Angst und stoben davon.

»Das geht nun aber wirklich zu weit«, empörten sich die Bäreneltern. »Er ist eine Gefahr für die Kinder. Wer sich so aufführt, muss bestraft werden.«

Und Linus kam vor das Bärengericht. Vorsichtshalber von Kopf bis Fuß in Fesseln gelegt.

»Was soll das alles?«, fragte der Richterbär. »Warum tust du das?« Eigentlich hatte er Linus nichts vorzuwerfen. Das machte ihn wütend. Er schlug mit der Tatze auf den Richtertisch und funkelte Linus böse an.

Linus senkte den Kopf und schwieg.

»Nun?«, fauchte der Richterbär.

Linus legte sein Fell in Falten und dachte angestrengt nach.

»Was soll das?«, wiederholte der Richterbär ungeduldig. »Warum antwortest du nicht?«

Und die Bären auf den Zuschauerplätzen schnauften erbost.

»Ich …«, erhob Linus nun doch seine Stimme. Sie dröhnte so dunkel, dass alle erschrocken die Luft anhielten. »Ich suche noch, was ich antworten soll.« Und das war die reine Wahrheit.

Die Zuschauerbären zischten.

»Er ist verrückt!«, rief einer von ihnen.

»Was soll das heißen?«, fuhr der Richterbär Linus an.

Linus senkte wieder den Kopf und dachte angestrengt nach. »Ich werde es überlegen«, brummte er.

Der Richterbär kratzte sich mit der Tatze. »Was willst du dir überlegen?«, knurrte er ungeduldig.

Linus lächelte. »Ich habe es noch nicht begriffen.«

Und so ging es eine Weile hin und her. Der Richterbär fragte und Linus antwortete. Immer nur diese drei Sätze, nicht mehr. Er wusste nichts anderes zu sagen. Und bald wusste der Richterbär nichts mehr zu fragen.

Da mussten sie Linus laufen lassen.

Doch sie sorgten dafür, dass er die Stadt verließ. Jagten ihn hinaus und schickten ihn zu einer Höhle weit draußen, wo er bleiben sollte.

»Du gehörst nicht zu uns!«, riefen sie hinter ihm her. »Lass dich ja nie wieder hier blicken!«

Linus gehorchte. Trottete davon und zog vor die Stadt. Es machte ihm nichts aus. Überall, wo er war, war er glücklich. Da draußen vielleicht sogar noch ein bisschen mehr. Denn es gab viel Platz für seinen wilden Bärentanz. Und Vögel, die ihm die Ohren voll zwitscherten und seine Freunde wurden. Manchmal, wenn er aufwachte, saßen ein paar von ihnen auf seinem Bauch und pickten Beeren aus seinem Fell. Das kitzelte. Und er lachte laut. Und die Vögel tirilierten.

Wenn Linus nicht schlief oder tanzte oder lächelnd vor seiner Höhle saß, sammelte er. Zuerst Beeren und Honig. Später seltene Steine. Und dann beinah alles, was er fand. Die Fundstücke stapelten sich in seiner Höhle bis unter die Decke. Irgendwann hatte er selbst keinen Platz mehr darin. Auch das machte ihm nichts aus. Er hockte sich einfach davor. Denn er hatte ein dickes Fell, das ihn vor allem schützte. Und in der Nacht wurde er von der Dunkelheit verschluckt.

So hätten die Tage dahingehen können, ohne dass sich etwas änderte.

Aber einmal kamen reisende Bären an seiner Höhle vorbei. Linus lag davor und schlief. Ein riesiger schwarzer Fellberg, den sie für einen Felsen hielten. Sie traten näher und beugten sich über ihn.

Linus erwachte, blinzelte und lächelte.

Bären auf Reisen sind es gewohnt, allerlei Seltsamkeiten zu begegnen. Deshalb erschrak niemand von ihnen bei Linus'

Anblick. Sie nickten ihm freundlich zu. »Wer bist du und was tust du hier?«, fragten sie ihn.

Linus schwieg eine Weile und dachte nach.

Sie warteten geduldig.

»Ich …«, sprach er endlich, »suche noch, was ich antworten soll.«

Sie blickten einander an und nickten.

»Das war weise gesprochen«, meinte einer von ihnen. »Auch wir sind auf der Suche.«

»Wirst du uns Bescheid sagen, wenn du es gefunden hast?«, fragte ein anderer.

»Ich werde es überlegen«, antwortete Linus.

Sie nickten erneut.

»Das ist gut! Das ist wirklich gut«, sagte einer und legte ihm die Tatze auf die Schulter.

Sie blieben noch eine Weile bei ihm, um sich auszuruhen.

Als sie gegen Abend weiterzogen, tanzte Linus ein Stück neben ihnen her. Den großen schwarzen Kopf in einer zwitschernden Vogelwolke.

»Wie du tanzt!«, riefen die reisenden Bären entzückt. »Sag, woher kannst du das nur?«

Linus wirbelte ein paar Mal um sich selbst. »Ich habe es noch nicht begriffen!«, rief er, begleitet vom Vogelgesang. Und tanzte winkend davon. Zurück zu seiner Höhle, wo er umfiel und sich bis zum nächsten Morgen nicht mehr rührte.

Unter den reisenden Bären verbreitete sich bald die Kunde, dass weit draußen vor der Stadt ein Bär lebte, der wunderbar tanzen konnte und auf alles eine kluge Antwort wusste. So machten sich auch andere auf den Weg zu ihm. Manche

wollten ihn tanzen sehen. Manche kamen, um sich Rat zu holen. Wer etwas auf dem Herzen hatte und nicht weiterwusste, trug ihm seine Fragen vor. Manchmal schwieg er. Oder er gab eine seiner drei Antworten. Immer aber hörte er zu. Und das war mehr als eine Antwort. Sie gingen getröstet davon.

So kam es, dass aus dem einst vertriebenen und verspotteten Bären ein viel beachteter, berühmter Geselle wurde, den man sogar verehrte.

So etwas geht manchmal schneller, als man denkt.

Für sich gesehen aber war Linus bloß ein sehr großer, nachtschwarzer, schrecklich glücklicher Bär.

Thomas Brinx / Anja Kömmerling

Lilli in der Wanne

Lilli muss dauernd in die Wanne.

Bloß weil es geregnet hat und sie trotzdem mit den anderen draußen Fußball gespielt hat.

Bloß, weil sie bei Freddi das Schokokussspiel gespielt haben: Augen zu und in den Mund treffen.

Oder bloß, weil Lillis Mutter meint, vor dem Schlafen muss man sauber sein.

Lilli kann widersprechen, wie sie will, sie muss in die Wanne.

»Du kannst doch mit deinen Schwimmtieren spielen«, versucht die Mutter sie zu trösten, aber das macht Lilli ja jedes Mal, das ist echt schon ein alter Hut mit Schimmel drauf.

Also kramt sie heute ihre Taucherbrille mit dem Schnorchel vom letzten Urlaub aus der hintersten Schublade.

»Das ist doch eine gute Idee«, meint ihre Mutter, »mal sehen, was du unter Wasser alles entdecken kannst!«

Aber Lilli ist ja nicht blöd. In der Wanne gibt es keine kleinen, bunten Fische, keine Seeigel und keine Muscheln. In der Wanne gibt es nichts außer langweiligem Wasser und Schaum.

»Vergiss aber nicht, dich zu waschen«, ruft ihr die Mutter

noch hinterher, als Lilli ins Bad trottet, und macht sich daran, die Küche aufzuräumen. Das macht Lillis Mutter immer, wenn Lilli in der Wanne ist. Wahrscheinlich denkt sie, *alles* muss sauber sein, wenn Lilli schlafen geht: das Geschirr, der Herd, die Spüle und Lilli eben.

Seufzend klettert Lilli in das warme Wasser und taucht erst mal ganz und gar unter, damit alles nass ist an ihr.

Unter Wasser ist es mucksmäuschenstill, nichts zu hören. Als gäbe es keine polternde Mutter in der Küche und keine Straße vor dem Haus und keinen Regen, der aufs Dachfenster pladdert.

Lilli kann ziemlich lange tauchen. Sie hört sich die Unterwasserstille an und stellt gerade fest, dass Stille gar nicht still ist, sondern in den Ohren summt, als sie plötzlich leise Stimmen hört.

»Wannenwuchtig, wir sind da!« und »Das müsste doch Lillis Wanne sein, oder?«

Mit einem Ruck taucht Lilli auf, schaut sich um, lauscht. Nichts zu hören. Die Stimmen sind weg. Aber sie hat sie doch genau gehört?

Lilli holt Luft und taucht noch mal unter.

»Die hat ja gar keine Schwimmtiere!«, sagt eine hohe Stimme und eine tiefe: »Wo sollen wir denn unsere Party machen?«

Da spricht jemand unter Wasser in Lillis Badewanne!

In Windeseile taucht Lilli wieder auf, greift sich Taucherbrille und Schnorchel, setzt sie auf und steckt das Gesicht bis über die Ohren ins Wasser. Sie schaut sich um und mit der Taucherbrille ist alles klar zu erkennen: der Stöpsel, ihre eigenen Füße, die scheußliche Duschmatte, damit man nicht ausrutscht. Aber sonst?

Plötzlich klopft jemand an Lillis Bein wie an eine Tür. Lilli schaut genauer hin, taucht tiefer und tatsächlich: Da schwimmen zwei winzig kleine Leute, ein kleiner Mann und eine noch kleinere Frau.

»Wir wollten mal fragen, wo deine Schwimmtiere sind?«, fragt der kleine Mann Lilli, und der verschlägt es glatt die Sprache. Die kleinen Leute schwimmen zu Lillis Taucherbrille hoch und winken hinein.

»Hallo! Kannst du nicht sprechen?«, will die kleine Frau wissen.

Natürlich kann Lilli sprechen, aber nicht unter Wasser, erst recht nicht, wenn sie einen Schnorchel im Mund, und schon gar nicht, wenn sie plötzlich zwei kleine Leute in ihrer Wanne entdeckt hat.

Schnell taucht sie auf, reißt sich die Taucherbrille samt Schnorchel vom Gesicht und wirft alle Schwimmtiere, die sie finden kann, ins Wasser.

Die kleinen Leute ziehen sich an der gelben Ente hoch. Sie hat einen ganz platten Rücken, eigentlich damit man ein Glas auf ihr abstellen kann.

»Danke, Lilli«, sagt die kleine Frau und schüttelt ihre nassen Haare, »die ist genau richtig für unsere Party!«

Der kleine Mann stellt einen Rucksack ab und spuckt eine Fontäne Wasser aus. Beide haben gestreifte Badeanzüge an und große Schwimmflossen an den Füßen.

Was für eine Party?«, stottert Lilli.

Der kleine Mann packt seelenruhig lauter winzige Sachen

zum Essen und zum Trinken aus seinem Rucksack und stellt sie auf den Rücken der Ente.

»Unsere Vorfreudeparty«, erklärt die kleine Frau. »Immer wenn wir in einer Wanne landen, feiern wir unsere Vorfreudeparty.«

»Und auf was freut ihr euch vor?«, will Lilli wissen und versteht die Welt nicht mehr.

Während die kleine Frau winzige Partyhäppchen zurechtmacht und sprudelnde Limonade in klitzekleine Gläser gießt, erklärt der kleine Mann Lilli, worauf sie sich freuen. »Wir freuen uns auf den Moment, wenn der Stöpsel rausgezogen wird. Dann reiten wir in Windeseile und immer im Kreis superwannenschnell auf dem Wasser, uuuuuiiiiit, zurück in den Kanal. Du kannst dir nicht vorstellen, was das für ein Gefühl ist!«

Das kann Lilli wirklich nicht. Vielleicht ist es so wie Achterbahn fahren, überlegt sie, oder wie auf der großen Wasserrutsche im Schwimmbad. So ähnlich vielleicht.

Die kleine Frau hält Lilli eines ihrer klitzekleinen Gläser hin. »Damit du mit uns feiern kannst!«

Aber das Glas ist viel zu klein für Lilli, der vorher noch nie aufgefallen ist, dass sie so große Finger hat. »Wartet!«, sagt sie und steht schnell auf, um ihren Zahnputzbecher zu holen.

Der kleine Mann und die kleine Frau purzeln schreiend durcheinander, weil Lilli aufgestanden ist und die Ente auf einer hohen Welle durch die Wanne schaukelt. Sie können sich gerade noch festhalten.

Lilli nimmt sich ihren Becher und setzt sich ganz vorsichtig wieder hin.

Lilli in der Wanne

Der kleine Mann und die kleine Frau seufzen erleichtert.

»Das ist gerade noch mal gut gegangen!«, sagt der kleine Mann und fischt die Partyhäppchen aus dem Wasser.

»Entschuldigung«, murmelt Lilli. Sie lässt sich ein bisschen Wasser aus dem Hahn in ihren Becher laufen und jetzt können sie endlich anstoßen.

»Auf die Vorfreude, mein lieber Mann!«, sagt die kleine Frau.

»Auf die Vorfreude, meine liebe Frau!«, sagt der kleine Mann.

Lilli hält ihnen ihren riesigen Becher hin. Ganz leise macht es pling und nochmal pling, dann trinken sie alle und der kleine Mann und die kleine Frau machen sich über die Partyhäppchen her.

»Lilli, raus aus der Wanne!«, ertönt da die Stimme von Lillis Mutter.

Lilli will gerade rufen, dass sie noch ein bisschen drin bleiben will, da hat der kleine Mann den Rucksack schon gepackt, die kleine Frau wirft Lilli eine Kusshand zu und plitschplatsch verschwinden sie in der Wanne.

»Wartet doch«, ruft Lilli, setzt schnell ihre Taucherbrille auf und steckt den Kopf ins Wasser.

Da schwimmen die beiden, halten sich an den Händen und freuen sich.

»Bleibt doch noch!«, will Lilli sagen, aber unter Wasser blubbert es nur und da taucht auch schon die Hand ihrer Mutter im Wasser auf und zieht den Stöpsel raus.

»Bis bald mal!«, ruft die kleine Frau, und »Jetzt geht's los!« der kleine Mann. Dann drehen sie sich im Kreis, immer schneller und immer schneller und lachen und jauchzen und verschwinden.

Lilli taucht auf.

»Komm, Lilli, du bist schon viel zu lange drin«, sagt ihre Mutter und hält ein großes, warmes Handtuch bereit.

Lilli zieht die Taucherbrille aus, steht auf und schaut noch einmal in die Wanne. Sie ist leer.

»Aber morgen muss ich wieder baden!«, sagt Lilli, während ihre Mutter sie abrubbelt und sich nur wundern kann.

Hortense Ullrich

Wie Leandra fast einen dreibeinigen Hamster bekam

Hinweis für vorlesende Eltern, die es eilig haben:
Man kann eine »Abkürzung« durch die Geschichte nehmen, wenn man den kursiv gedruckten Text auslässt.

»Erzählst du mir eine Geschichte?«, bettelte Leo.

»Gerne«, sagte der Vater und setzte sich zu Leo ans Bett.

»Welche denn?«, fragte der Vater.

»Von Leandra und Allyssa und Lucky.«

»Die hab ich dir doch schon erzählt.«

»Nein, erzähl mir, wie Leandra einen eigenen Hund bekam.«

»Ach so«, sagte der Vater. »Sie hätte nämlich fast keinen Hund bekommen, sondern einen Hamster. Mit drei Beinen.«

»Wieso denn das? Sie wollte doch einen Hund!«

»Stimmt«, meinte der Vater und fing an: »Seit Allyssa den Hund Lucky hatte, wollte Leandra auch einen Hund. Einen eigenen Hund. Die Mutter hatte zwar gesagt, die beiden sollten sich den Hund teilen, aber Leandra fand das nicht gut.«

»Weil sie ja bloß die hintere Hälfte bekommen hatte«, erinnerte sich Leo.

»Genau. Und weil Leandra immer wieder bettelte, dass sie einen eigenen Hund haben möchte, hatte die Mutter gesagt,

wenn Leandra so alt sei wie Allyssa, würde sie auch einen Hund bekommen.«

»Stimmt, das hat sie versprochen«, warf Leo ein.

»So ist es«, bestätigte der Vater. »Und dann war es eines Tages so weit: Leandra war alt genug. Und sie erinnerte die Mutter an ihr Versprechen. Die Mutter war nicht besonders glücklich darüber, aber ... «

»... was man verspricht, muss man auch halten!«, *rief Leo.*

»Zunächst jedoch versuchte die Mutter mit Leandra zu verhandeln, ob sie nicht doch vielleicht lieber ein kleines niedliches Pelztierchen haben wollte, das in einem Käfig wohnt.«

»Warum denn?«, wunderte sich Leo.

»So kleine Tiere sind einfacher zu halten, sie brauchen nicht so viel Pflege und machen nicht so viel Arbeit«, erklärte der Vater.

»Aha. Und war Leandra damit einverstanden?«, fragte Leo.

»Na ja«, sagte der Vater. »Eigentlich fand Leandra die Idee nicht so gut, aber sie ging dann doch mit ihrer Mutter in eine Tierhandlung.«

»Wo man Tiere kaufen kann und Futter für Tiere und so«, ergänzte Leo.

Der Vater nickte. »Dort entdeckte Leandra einen ganz winzig kleinen Zwerghamster.«

»Den fand sie bestimmt süß«, überlegte Leo.

»Ja, sehr süß. Sie war ganz begeistert von dem winzig kleinen Hamster. Und wollte auf der Stelle einen Zwerghamster. Aber die Mutter meinte, so schnell kaufe man kein Tier. Erst mal muss man genau überlegen, ob man es auch ganz bestimmt haben möchte. Und man müsse sich über das Tier informieren, was es so frisst, wie es lebt und wie man es pflegen

muss. Also kaufte die Mutter zuerst mal ein Buch über Zwerghamster. Dann gingen sie wieder nach Hause und lasen das Buch von vorne bis hinten durch. Nun wussten sie sehr viel über Zwerghamster und sie wussten auch, dass Leandra einen ›dsungarischen‹ Zwerghamster wollte, nämlich den, den sie im Geschäft gesehen hatte. Also gingen sie wieder in das Geschäft, um den kleinen dsungarischen Zwerghamster zu kaufen. Aber – der Zwerghamster war nicht mehr da. Jemand anders hatte ihn gekauft. Leandra jammerte und die Mutter fragte den Verkäufer, ob er denn nicht vielleicht einen anderen dsungarischen Zwerghamster habe, aber der Verkäufer sagte, alle Zwerghamster wären ausverkauft. Da jammerte Leandra noch mehr.«

»Ich hätte auch gejammert. Das war ja furchtbar!«, rief Leo.

»Der Verkäufer bot ihr dann einen normalen, großen Hamster an. Aber der hatte nur noch drei Beine. Das mit den drei Beinen tat Leandra zwar sehr Leid und sie dachte auch ganz angestrengt darüber nach, ob sie den dreibeinigen Hamster nehmen sollte, aber dann fiel ihr wieder der süße Zwerghamster ein und sie entschied, dass sie doch lieber einen kleinen Zwerghamster haben wollte. Traurig gingen sie wieder heim. Die Mutter hatte ein ganz schlechtes Gewissen, weil sie damals nicht sofort den Zwerghamster gekauft hatte.«

»Genau! Hätte sie mal besser auf Leandra gehört!«, sagte Leo vorwurfsvoll.

»Sie rief bei allen möglichen Tierhandlungen an und fragte nach dsungarischen Zwerghamstern. Keiner hatte Zwerghamster. Aber dann fand sie doch ein Geschäft, das Zwerghamster hatte. Zwar keine dsungarischen, aber chinesische.

Auch gut. Die beiden fuhren in das Geschäft und dort entdeckte Leandra Frettchen. Und die fand sie sehr süß.«

»Wie sehen Frettchen aus?«, wollte Leo wissen.

»Frettchen sehen so ähnlich aus wie Wiesel. Sie haben einen ganz langen schmalen Körper, einen langen Schwanz und kurze Beine«, erklärte der Vater.

»Und das sieht süß aus?«

Der Vater zuckte die Schultern. »Das ist wohl Geschmackssache. Die Verkäuferin gab Leandra ein Frettchen auf den Arm und das Frettchen kuschelte sich an Leandra und Leandra wollte jetzt ein Frettchen haben. Vor allem als ihr die Verkäuferin sagte, ein Frettchen könne man auch an der Leine spazieren führen.«

»Das ist ja fast so gut wie ein Hund«, rief Leo.

»Die Mutter war nicht sehr begeistert. Sie entschied, erst mal ein Buch über Frettchen zu kaufen, um zu lesen, wie man Frettchen hält und was sie fressen und wie man sie pflegt und so. Also fuhren sie wieder heim. Mit einem Buch über Frettchen.«

»Das war jetzt schon das zweite Buch!«

»*Genau.* Zu Hause lasen sie das Buch und lernten alles über Frettchen. Die Mutter fand Frettchen überhaupt nicht schön, aber sie hatte ein schlechtes Gewissen, weil ja die Sache mit dem Zwerghamster schon nicht geklappt hatte, und sie sagte: ›Na gut, dann bekommt Leandra eben ein Frettchen.‹ Als Leandras Vater das hörte, war er gar nicht einverstanden. Er meinte, wieso Leandra denn nicht lieber einen Hund haben wollte. Da fiel es Leandra wieder ein, dass sie ja eigentlich einen Hund haben wollte, und sie rief, oh ja, sie wolle unbedingt einen Hund. So einen wie Lucky. Nur größer. Die Mutter kaufte ein Buch, in dem über tausend Hunderassen beschrieben waren und man Bilder von den verschiedenen Hunden anschauen konnte.«

»Das war jetzt schon das dritte Buch!«

Der Vater nickte. »Diese Familie mag Bücher. Die Mutter gab das Buch Leandra und Leandra sollte sich einen Hund aussuchen, der ihr gefällt. Leandra blätterte und blätterte und schaute sich alle Fotos ganz genau an. Dann traf sie ihre Entscheidung: Sie wollte einen ›Podengo Portugueso Pequeno‹.«

»Was ist denn das?«, fragte Leo.

»Das ist eine besondere Hunderasse. Es gibt ja verschiedene Arten von Hunden. Große, kleine, wuschelige, kurzhaarige, mit Hängeohren, mit Stehohren und so weiter, du weißt schon. Das sind alles verschiedene Rassen. Und die Rassen haben alle verschiedene Namen. ›Schäferhund‹ oder ›Boxer‹ oder ›Terrier‹ oder ›Pudel‹ und so. Und die Rasse, die Leandra gefiel, hieß eben ›Podengo Portugueso Pequeno‹«, erklärte der Vater. »Die Eltern hatten noch nie etwas von diesem Hund gehört. Ebensowenig der deutsche Hunderassenverband, der österreichische, der Schweizer oder der englische. Dort rief die Mutter überall an.«

»Wieso?«, wunderte sich Leo.

»Sie wollte jetzt ganz dringend Leandras Wunsch erfüllen und wollte genau den Hund finden, den sich Leandra gewünscht hatte.«

»Die Mutter hatte ein schlechtes Gewissen!«, rief Leo.

»Das glaube ich auch«, nickte der Vater.

»Weil sie nicht gleich den Zwerghamster gekauft hatte.«

Der Vater nickte.

»Was hat die Mutter denn dann gemacht?«, fragte Leo.

»Dann dachte die Mutter scharf nach und kam auf die Idee, den Vater den Hund in Portugal suchen zu lassen. Wegen ›Portugueso‹. Das klang nach Portugal, meinte die Mutter.«

»Portugal?«, wiederholte Leo.

»Portugal ist ein kleines Land in Europa. Das liegt neben Spanien«, erklärte der Vater. »Und siehe da, einer von Vaters Freunden aus Portugal wusste sofort, was das für ein Hund ist. Und er machte sich auf die Suche nach einem solchen Hund. Der Hund hatte inzwischen schon einen Namen: Paco. Weil der Hund ja aus Portugal kommt, wollte Leandra, dass der Name auch portugiesisch klingt. Und die Mutter kaufte ein Portugiesisch-Wörterbuch.«

»Buch Nummer vier«, zählte Leo mit.

»Woche für Woche kamen Hundefotos an, aber nie war der Richtige dabei. Und eines Tages sagte Leandra sehr lieb und höflich, sie würde ja nun schon soooo lange warten und es wäre wirklich sehr schwer, Geduld zu haben, und nun wäre sie fertig mit ihrer Geduld und möchte doch lieber sofort einen Hund. Leandras Vater schlug daraufhin die Zeitung auf und fand eine Anzeige, in der Jack-Russell-Welpen angeboten wurden. *Welpen nennt man Hunde, wenn sie noch klein sind, also wenn sie noch Babys sind.«*

»Wie sehen Jack Russells aus?«

»Das sind kleine lustige schwarze-weiß-braune Hunde, die gerne hinter Kaninchen herjagen und mit Kindern spielen.«

»Hat die Mutter wieder ein Buch gekauft?«

»Nein. Ein Buch über Jack Russells hatten sie bereits, weil Lucky auch ein Jack Russell ist.«

»Dann sollten sie so einen Hund kaufen! Dann würden Lucky und der neue Hund doch gut zusammenpassen«, rief Leo begeistert.

»Nur mal so zum Anschauen sind sie hingefahren und natürlich mit einem Babyhund im Arm zurückgekommen. Es gab dort acht kleine Hunde und Leandra setzte sich zu den Welpen auf den Boden und sagte, sie nimmt den, der zuerst zu ihr kommt. Und als der erste kleine Hund zu ihr kam und auf ihren Schoß krabbelte, drückte Leandra ihn an sich und nannte ihn ›Paco‹. Sie durfte ihn gleich mit nach Hause nehmen.«

»Leandra muss so froh gewesen sein!«, freute sich Leo.

»Das war sie allerdings.«

»Was war eigentlich mit Allyssa?«, fragte Leo. »Hat sie sich auch gefreut?«

»Allyssa freute sich sehr für Leandra und Allyssa fand Paco auch sehr niedlich.«

»Aber nicht so niedlich wie Lucky?«

»Nein. Allyssa fand Lucky am niedlichsten und Leandra fand Paco am niedlichsten.«

Leo nickte zufrieden. Dann fragte Leo: »Haben die beiden sich denn darüber gestritten, wer den niedlichsten Hund hat?«

Der Vater lachte. »Ja, manchmal. Aber nur, wenn ihnen gar nichts mehr einfiel, worüber sie sich streiten konnten.«

»Haben Lucky und Paco sich gestritten?«, wollte Leo wissen.

»Nein, die verstanden sich prima.«

»Papi?«

»Ja?«

»Ich will auch einen Hund!«

»Darüber reden wir ein anderes Mal«, lachte der Vater. »Jetzt schlaf schön.«

»Ein dreibeiniger Hamster wäre auch okay!«

Der Vater lachte noch mehr, gab Leo einen dicken Kuss und sagte: »Gute Nacht, Leo.«

Henning Pawel

Frau Holle und die Klöße

Frau Holle ist eine sehr gemütliche, dicke Dame und wir Menschen verdanken ihr eine Menge. Zum Beipiel ist die himmlische Lady für den schönen weißen Schnee zuständig, der vom Himmel fällt, wenn die gute Frau Holle ihre Betten ausschüttelt. Dann freuen sich besonders die Kinder. Sie holen Schlitten, Ski und Schlittschuhe aus dem Keller und schon geht's ab auf die Piste oder die Rodelbahn. Dank Frau Holle.

Doch es gab mal eine Zeit, da konnten sich die Menschen besonders in Thüringen so gar nicht über die dicke Schneefrau freuen. Im Gegenteil, alle waren ihretwegen sehr traurig und hatten schwere Sorgen. Und das kam so.

Im Sommer, wenn Frau Holle keine Betten auszuschütteln hat, wandert sie immer sehr gerne. Eines Tages, es liegt schon ein paar Jahrhunderte zurück, hatte sie sich vorgenommen das herrliche Land Thüringen zu durchqueren, und das tat sie dann auch.

Frau Holle war an jenem Tag schon sehr viel marschiert, die Sonne brannte heiß vom Himmel und die Wandersfrau hatte mächtigen Durst. Also betrat sie einen Weinberg und bat den Winzer um einen Krug Wein. Natürlich erkannte der Mann die dicke Göttin nicht. Sie hatte seinen Weinberg als ganz normale Frau verkleidet betreten.

Und was machte der geizige Mensch? Er verkaufte der durstigen Frau Holle für sehr viel gutes Geld seinen allerschlechtesten und sauersten Wein.

Der war so sauer, dass Frau Holle sofort Tränen in die Augen schossen. Sogar die Hühneraugen an ihren Füßen tränten. Sie rang eine halbe Stunde nach Luft, hustete und prustete.

Und weil Frau Holles Kehle so schrecklich von dem krachsauren Wein kratzte, den ihr der gemeine Mensch angedreht hatte, sprach sie auf der Stelle einen furchtbaren Fluch über das ganze Land Thüringen aus. Und schon prasselten mitten im August jede Menge riesengroße Hagelkörner vom Thüringer Himmel. Die gesamte Ernte und natürlich sämtliche Weinstöcke fielen dem Zorn der Göttin zum Opfer und aus war es für ewige Zeiten mit dem Weinanbau in Thüringen.

Das war eine schreckliche Katastrophe. Denn die Weinbauern, und es gab damals noch viele in Thüringen, waren über Nacht bitterarm geworden. Sie hatten alles verloren. Dem zerstörerischen Hagel folgte eine furchtbare Hungersnot, und als Frau Holle das schreckliche Elend sah, das sie verschuldet hatte, bereute sie ihren Jähzorn. Doch leider war der Wein für alle Zeiten vernichtet und würde nie wieder wachsen.

Also dachte Frau Holle ganz mächtig nach, wie sie den armen hungernden Menschen helfen könnte, und hatte auch schon bald eine herrliche Idee.

So erschien die Göttin, wie die Thüringer noch heute liebevoll erzählen, eines Tages vor dem Bürgermeister der schönen Stadt Meiningen. Und der hörte nun, wie Donnergrollen, aus Frau Holles Schürze Knollen rollen.

»Kartoffeln sollen jetzt, statt saurem Wein, euer Brot und Zukunft sein!«, erklärte die Göttin bedeutungsvoll. Und unter mächtigem Donner schrieb sie ihm auch sogleich ein Rezept für die nahrhaften Knollen auf.

Nachdem Frau Holle dem Bürgermeister das Rezept überreicht hatte, rief sie mahnend zwei unvergessliche Worte aus: »Hüt' es!«

Und so kam es, dass die weltberühmten Thüringer Klöße, deren besondere Zubereitung aus rohen Kartoffeln Frau Holle damals in jenem Rezept dem Meininger Bürgermeister verriet, noch heute an zahllosen Orten in Thüringen »Hütes« genannt werden.

Mittlerweile gibt es auf der Welt mehr als hundert Thüringer-Kloß-Rezepte und der Streit ist groß, welches das einzig wahre ist. Nur über die Größe des Thüringer Kloßes ist man sich einig: In zwei große Männerhände passt genau ein Hütes. Ein richtiger Thüringer futtert jeden Tag mindestens sechs Kartoffelklöße. Verspeist jemand nur vier, nennt man ihn sofort einen Hütesmuffel. Schafft er aber mehr als sieben, darf er sich »Echter Thüringer Kloßkopf« nennen.

Noch ein kleiner Tipp an alle Thüringer Kloßfreunde: Zu Weihnachten schmecken sie am besten. Doch Vorsicht: Nach dem achten Hütes lässt es Frau Holle wieder hageln. Nicht in den Wein. Aber in die Hose.

Edith Schreiber-Wicke

Das Geburtstagsgeschenk

»Ich brauch mehr Taschengeld«, sagte Anton. »Es ist immer zu wenig.«

»Du musst eben sparen«, antwortete Antons Mutter.

»Zum Sparen ist es zu spät«, antwortete Anton. »Sibylle hat bald Geburtstag.«

»Es kommt doch nicht darauf an, viel Geld auszugeben. Die Idee zählt«, meinte Antons Mutter.

Haha, dachte Anton. Wieder so eine Weisheit der Erwachsenen. Dann rennen sie los und kaufen einander goldene Sachen und Fernsehapparate. Er verzog sich grollend in sein Zimmer.

Jeden Tag ging er in die große Einkaufsstraße und betrachtete die Schaufenster. Alles, was ihm gefiel, war viel zu teuer. Eigentlich war auch alles, was ihm nicht gefiel, viel zu teuer.

Vielleicht sind Geschenke wirklich nicht so wichtig, dachte Anton schließlich.

Am nächsten Tag sagte Sibylle in der großen Pause: »Bin neugierig, was mir Kathy zum Geburtstag schenkt.«

Anton legte den Apfel weg, den er gerade anbeißen wollte. »Ist das denn wichtig?«, fragte er besorgt.

»Klar«, sagte Sybille. »Daran sieht man doch, ob sie mich mag.«

Anton starrte düster vor sich hin, als seine Mutter nach Hause kam. »Übermorgen ist Sibylles Geburtstag«, sagte er. »Könntest du nicht morgen noch eine Torte backen?«

»Ich könnte schon«, sagte Antons Mutter. »Aber erstens ist Sibylle nicht meine Freundin, sondern deine. Und zweitens habe ich morgen den ganzen Tag zu tun.«

Anton holte sein Zauberbuch hervor und blätterte darin. Nirgends stand etwas darüber, wie man schnell reich wurde. Missmutig legte er das Buch weg.

Am nächsten Tag war Sibylle hauptsächlich mit der Frage beschäftigt, ob sie Rollschuhe bekommen würde.

Am Nachmittag versuchte Anton, wenigstens noch rotgrün gestreifte Zuckerstangen zu bekommen. Aber es waren nur weißgelbe da. Und was hatten weißgelbe Zuckerstangen für einen Sinn, wenn Sibylle am liebsten rotgrüne lutschte.

Als Antons Mutter am Abend nach Hause kam, war sie müde.

Anton sah sofort, dass es keinen Sinn hatte, mit ihr über Sibylles Geburtstag zu reden. Vor dem Schlafengehen blätterte er noch einmal in seinem Buch mit Zaubersprüchen. »Für den, der wen mag«, stand da. Und darunter:

DU-SPRUCH
Immer war ich ich,
doch jetzt gibt es dich,
drum sind wir wir.
Ich wünsche mir

ein rosa Plüsch-Schwein
von zwei Tonnen,
einen Mond, etliche Sonnen,
weil du bald Geburtstag hast
und ein Geschenk normaler Größe
nicht zu unserer Freundschaft passt.

Anton nickte zustimmend.

Dann hatte er eine Idee. Er nahm ein Stück weißes Papier und zeichnete darauf rotgrüne Zuckerstangen als Umrahmung. Den Spruch schrieb er in die Mitte. Und fügte noch hinzu: »Dein Anton.« Er faltete das Papier sorgfältig und klebte es rundherum zu. Schließlich sollte niemand anderer hineinschauen.

Am nächsten Tag lagen schon ein paar kleine Pakete auf Sibylles Platz. »Von wem können die sein?«, wunderte sich Anton. »Doch nicht alle von Kathy.«

Er legte seinen unauffälligen Geburtstagsbrief dazu.

Nach der letzten Stunde räumte Sibylle alles in ihre Schultasche. »Das mach ich zu Hause auf, wenn wir Geburtstag feiern«, erklärte sie.

Anton ging nach Hause. Er war ziemlich bedrückt. Vielleicht hätte er doch selbst einen Kuchen backen sollen. Oder irgendwas basteln. Oder früher zu sparen beginnen müssen. Das Telefon läutete. Es war Sibylle.

»Ich hab Rollschuhe gekriegt!«, rief sie.

»Toll«, sagte Anton.

»Magst du kommen?«, fragte Sibylle. »Geschenke anschauen und Torte essen?«

Anton schrieb eine Nachricht für seine Mutter und ging zu Sibylle. Es waren auch mehrere Verwandte da.

»Das ist Anton«, sagte Sibylle.

»Ein Schulkamerad?«, fragte Sibylles Tante.

»Mein Freund«, antwortete Sibylle mit Nachdruck.

Anton wurde ein bisschen rot.

Zaubersprüche wirken auch, wenn man sie verschenkt, dachte er und war sehr zufrieden.

Max Kruse

Eine musikalische Nacht

Es war einmal ein kleines Mädchen mit langen, braunen Zöpfen. Dieses Mädchen reiste eines Tages zu seinem Onkel.

Der Onkel wohnte in einer anderen Stadt. Dort baute und reparierte er Musikinstrumente. Manches besonders schöne Stück hatte er gesammelt und bewahrte es in seinem Haus auf. Einige davon standen in der gemütlichen Dachkammer, in der das Mädchen schlafen sollte.

Da hing das Cello mit seinem ausladenden Körper. Es sah fast aus wie eine Marktfrau in einem braunen Kleid. Dort hing eine goldene Posaune, da gab es eine silberne Flöte und eine Pauke aus rötlichem Kupfer, die mit Kalbfell bespannt war. Und noch viele andere Instrumente.

Das kleine Mädchen fand sie alle sehr hübsch.

Aber – in der Nacht, als es alleine in seinem Bett lag, stand nur eine schmale Mondsichel draußen über den Bäumen. Und ein Käuzchen schrie.

In der Stube war es recht dunkel. Die Musikinstrumente erschienen dem kleinen Mädchen plötzlich wie geisterhafte Wesen. Sie hatten so sonderbare, ungewöhnliche Körper. Auf der Posaune und auf der Pauke spiegelte sich das schwache

Mondlicht. Es sah aus wie funkelnde Augen, die zu dem Mädchen hinschauten.

Das kleine Mädchen fürchtete sich. Es traute sich nicht einmal aufzustehen, um das Licht anzuknipsen. Es zog sich die Decke über den Kopf.

Das merkten die Instrumente.

»Ich glaube, unser kleiner Gast hat Angst«, summte das Cello mit seiner dunklen Stimme.

»Wirklich?«, säuselte die Flöte. »Aber was können wir dagegen tun?«

»Bum! Bum!«, machte die Pauke, worüber unser kleines Mädchen erst recht erschrak. »Bum! Bum! – Da gibt es nur eins: Wir geben ein Nachtkonzert!«

»Aber nur nicht zu laut«, brummte der Kontrabass und es klang – »schrumm-schrumm« –, als wenn etwas Schweres über den Holzfußboden gezogen wurde.

»Ja, seien Sie lieber still!«, meinte die Posaune zu ihm, »wenn man Sie brummen hört, läuft es einem ja eiskalt über den Rücken!«

Inzwischen hatte unser kleines Mädchen einige Worte verstanden und seine Bettdecke dort, wo sein rechtes Ohr war, ein wenig hochgehoben. So konnte es die Instrumente besser verstehen.

»Wir wollen ihr erzählen, wie wir entstanden sind«, ratterte die Trommel ganz leise. »Ich war als Erste da. Denn zu allererst haben die Menschen Stöckchen gegeneinander geschlagen und später …«

»Pfff!«, machte die Flöte. »Später haben sie Leder über ihre Schüsseln gespannt und darauf herumgetrommelt. Das war es dann auch. Die reinste Kochtopfmusik. Dagegen wir Flöten! Ach, wie schön war es doch, wenn der Wind am Ufer eines Sees oder Flusses über das Schilf gestrichen ist, in grauer, grauer Vorzeit. Da seufzte es, ächzte und wisperte. Das war musikalisch! Das wollten die Menschen nachmachen. Zuerst blies einer gegen den Rand eines Schilfblattes. So kam die Musik in die Welt. Und dann höhlten die Menschen feine Gehölze aus Weiden oder Bambus. Und sie spielten darauf, sangen und tanzten dazu.«

»Na schön«, schepperte die Trommel nachgiebig. »Immerhin tanzten sie auch zu Trommeln, ganz toll sogar.«

»Und zu meinem Bum-Bum springen sie in die Luft«, bemerkte die Pauke. »Es gibt sogar ein Musikstück nur für mich, nur für einen Paukenschlag. Und das ist noch dazu sehr berühmt.«

»Für uns Trompeten gibt es auch Konzerte«, sagte die Trompete, die an der Wand hing und bleich im Mondlicht schimmerte. »Dabei bin ich so schwer zu spielen. Man muss mit den Lippen vibrieren …«

»Sie meinen wohl zittern«, säuselte die Geige. »Vibrieren, das versteht doch kein Mensch! Bei uns Geigen ist das etwas anderes. Unsere Saiten vibrieren wirklich oder sie schwirren – wie soll ich es nur ausdrücken, es ist ein so wunderbar melodisches Klingen …«

»Na ja«, gab die Trommel zu bedenken, »das ist ja alles ganz schön und gut, verehrte Frau Geige, aber wehe, wenn einer nicht auf Ihnen spielen kann! Das klingt dann wie Zahnweh! Wahrhaftig, schlimmer als Katzenmusik!«

»Oh, das ist nichts Besonderes. Das trifft auf uns alle zu«, bemerkte das Cello. »Aber jetzt sprechen wir nur von uns und denken nicht mehr an unseren Gast. Ich schlage vor, wir musizieren ein wenig zusammen.«

Gerade schrie draußen im Stadtpark das Käuzchen: »Uuh! Uuh!«, da fiel der Kontrabass leise ein, er gab den Takt an. Und die Flöte sang vom Frühling und von einem Tanz um den Maibaum. Da spielten auch die Trommel und die Pauke. Das Cello und die Geige sangen miteinander ein Duett, eine warme tiefe und eine strahlend hohe Stimme.

Plötzlich fiel es auch der Trompete ein loszuschmettern. Mit hellen, prächtigen Tönen.

Da zuckten alle zusammen.

»Um Gottes willen!«, rief das Cello. »Seien Sie doch leise! Da platzt einem ja das Trommelfell! Und unser kleiner Gast wird zu Tode erschrecken!«

»I wo!«, rief da das kleine Mädchen. Jetzt schob es die Decke ganz zurück und setzte sich im Bett auf. »Ich fürchte mich schon lange nicht mehr. Bitte spielt weiter!«

Das ließen sich die Instrumente nicht zweimal sagen. Sie säuselten und sangen, sie trommelten und pfiffen, sie klangen und flöteten, sie tänzelten und kicherten, sie schmetterten und dröhnten.

Das ging nur so die Tonleiter hinauf und hinunter, in Dur und in Moll, allegretto und adagio, crescendo und piano, mal laut und mal leise, mal flink und mal langsam, gezupft und gestrichen, geblasen und geschlagen, das summte und trillerte und pfiff und tutete, das schwirrte und perlte und …

Und der Onkel hörte diese tolle Musik. Er ließ das Buch fallen, in dem er gerade gelesen hatte, rannte hinauf und machte die Tür auf. Da sah er unser kleines Mädchen im Pyjama mit dem Cello im Arm in der Stube herumtanzen.

Aber kaum hatte er die Tür aufgemacht und das Licht angeknipst, war alles wie ein Spuk zu Ende. Es war still. So still, als wenn nichts gewesen wäre.

Nur das kleine Mädchen stand allein mitten in der Kammer. »Onkel«, rief es, »es ist wunderbar bei dir!«

»Na, das freut mich«, antwortete er. »Ich fürchtete schon, du könntest Angst haben hier oben, so allein unter all den Instrumenten.«

»Ach, wieso denn«, rief es, »ich bin doch kein Angsthase!«

»Na, vielleicht eine Angsthäsin«, lachte er.

Die Instrumente waren alle wieder an ihrem Platz.

Der Onkel nahm das Mädchen auf den Arm. Er trug es zum Bett und deckte es zu. »Morgen erzähle ich dir ein bisschen von meinen Musikinstrumenten.«

»Au fein«, sagte das Mädchen. »Ich mag sie nämlich. Am liebsten würde ich sie alle spielen lernen.«

»Alle? Das geht nicht«, sagte der Onkel. »Du musst dich schon für eines entscheiden.«

Und als der Onkel wieder gegangen war und das Licht ausgeknipst und die Tür zugemacht hatte, da wollten die Instrumente gar zu gern erfahren, für welches von ihnen sich das Mädchen entscheiden würde. Denn alle waren ein wenig eitel und jedes hoffte ausgewählt zu werden.

Aber das kleine Mädchen schlief schon. Und träumte von einem großen Orchester.

Petra Probst

Piccolino und die Angsthasen

Was für eine Hitze! Martha, das Kamel, war ganz kaputt. Also setzte es sich in den Schatten der Palmen und machte ein Nickerchen.

Und während Martha vor sich hin döste, rumms!, da krachte es in den Bäumen, der Boden bebte und Martha bekam einen Riesenschreck.

»Hilfe! Ein Ungeheuer!«, rief sie und galoppierte davon.

»Was ist denn los?«, fragte das Nashorn verdutzt.

»Ein Ungeheuer mit glühenden Augen ist hinter mir her!«, rief Martha.

Da wurde das Nashorn kreidebleich und trampelte eilig hinter Martha her.

Ein großer Affe auf einem Baum sah die beiden. »Ist was passiert?«, fragte er.

Das Nashorn keuchte: »Ein Ungeheuer mit glühenden Augen und scharfen Krallen ist hinter uns her. Nichts wie weg!«

Da hüpfte der Affe vom Baum und rannte mit ihnen davon.

Uiii! Da staunten das Wildschwein, die Piepsmaus und ihre Freunde aber! Warum hatten es Martha und die anderen denn so eilig?

»Wir werden von einem Ungeheuer mit glühenden Augen und scharfen Krallen verfolgt. Es wird uns mit seinen spitzen Zähnen zerreißen!«, rief der Affe.

Da sprangen, flogen, trampelten, hüpften und galoppierten alle, so schnell sie konnten, davon.

Was für ein Aufruhr! Bald waren alle Tiere auf der Flucht, vom großen Elefanten bis zur kleinen Ameise.

Das sah Piccolino, der kleine Hase. Fix stellte er sich der Tierschar entgegen und rief laut in seinen Trichter: »Haaalt! Stopp! Wovor lauft ihr denn weg?«

Uups! Die flüchtenden Tiere mussten eine Vollbremsung machen, dass es nur so staubte.

»Ein Ungeheuer ist hinter uns her!«, rief Martha aufgeregt.

Piccolino war ganz erstaunt. »Echt? Wie sieht es denn aus?«

»Es hat glühende Augen und eine schwabbelige Warzennase!«, erklärte der Hund.

»Es kann so laut brüllen, dass einem die Ohren wehtun!«, grunzte das Wildschwein.

»Es wird uns mit seinen Hörnern aufspießen!«, quakte der Frosch.

»Es spuckt Feuer!«, gackerte das Huhn.

»Es stinkt ganz widerlich!«, brummte der Wasserbüffel.

»Mit seinem langen Zackenschwanz schlägt es alles kurz und klein!«, meinte der Käfer.

Und die kleine Piepsmaus fügte noch hinzu: »Das Ungeheuer ist größer als die höchste Palme weit und breit und furchtbar böse und gefährlich!«

Piccolino hatte so ein Monster noch nie gesehen. »Ungeheuer gibt es doch gar nicht«, meinte er.

»O doch«, rief Martha. »Ich machte ein Nickerchen, da krachte es fürchterlich in den Palmen. Ich konnte gerade noch vor dem Ungeheuer fliehen.«

»Das Monster will ich sehen!«, rief Piccolino.

Ängstlich trotteten die Tiere hinter ihm her.

Keiner traute sich in die Nähe der Palmen. Martha schlotterten die Knie.

Nur Piccolino suchte und suchte, aber das Ungeheuer fand er nicht.

In den Palmwipfeln turnte ein kleines Äffchen herum und spielte mit einer Kokosnuss. Hatte es denn gar keine Angst?

Rumms!, da fiel dem Äffchen die Kokosnuss aus der Hand und donnerte zu Boden.

Piccolino grinste. »Das ist also das riesige Ungeheuer mit den glühenden Augen, das Feuer spuckt!«

Da mussten die anderen Tiere lachen.

Nur Martha war die Sache peinlich. Wie hatte sie nur eine Kokosnuss für ein Ungeheuer halten können?

Joachim Friedrich

Der klitzekleine Zauberer und die wunderschöne Prinzessin

Gerade sitzt der klitzekleine Zauberer an seinem klitzekleinen Tisch und schreibt mit seinem klitzekleinen Füller einen ganz langen Brief an seine klitzekleine Oma.

Da läutet das klitzekleine rote Alarmtelefon.

»Hier ist der riesengroße Zauberer!«, brüllt der klitzekleine Zauberer in das Telefon. Er ist zwar klitzeklein, aber er hat eine ziemlich große Klappe.

»Hier ist der kugelrunde König!«, tönt es aus dem Telefonhörer. »Ich dachte, du wärst der klitzekleine Zauberer?«

»Das bin ich ja auch«, sagt der klitzekleine Zauberer leise und schämt sich ein bisschen.

»Du musst in mein kugelrundes Königreich kommen«, sagt der kugelrunde König. »Mir kann nur noch ein Zauberer helfen, auch wenn er klitzeklein ist.«

»Ich komme!«, brüllt der klitzekleine Zauberer wieder in das Telefon. »Und meinen superklugen Uhu bringe ich mit!«

»Wir müssen zum kugelrunden König. Der braucht uns!«, ruft der klitzekleine Zauberer.

»Muhust du immer so schreien?«, fragt der superkluge

Uhu und sieht den klitzekleinen Zauberer missmutig an. Er hat nämlich gerade geschlafen und von leckerem Mäusebraten geträumt.

»Klitzekleine Zauberer haben immer eine große Klappe«, sagt der klitzekleine Zauberer. »Also los, wir müssen uns beeilen. Es ist weit bis zum kugelrunden Königsschloss!«

Der klitzekleine Zauberer zieht seinen klitzekleinen Umhang an, setzt seinen klitzekleinen Zauberhut auf und steigt mit seinem klitzekleinen Zauberstab in der Hand auf seinen klitzekleinen Zauberbesen. Das große Zauberbuch nimmt er auch mit. Der klitzekleine Zauberer geht noch in die Zauberschule. Darum kann er noch nicht alle Zaubersprüche auswendig.

Der superkluge Uhu setzt sich auf die klitzekleine Zaubererschulter und dann – Huiii! – geht's los!

Der Weg zum Schloss des kugelrunden Königs ist weit. Sie fliegen über Felder und über Wälder, über Dörfer und über Städte, über Seen und über das große Meer.

Dann endlich landen sie auf dem höchsten Turm des kugelrunden Königsschlosses.

Der kugelrunde König kommt die Treppe zum höchsten Turm seines Schlosses hinauf. Er hat einen knallroten kugelrunden Kopf.

»Konntet ihr nicht auf dem Schlosshof landen?«, keucht der kugelrunde König.

»Sei froh, dass wir überhaupt gekommen sind«, sagt der superkluge Uhu.

»Bist du immer so missmutig?«, fragte der kugelrunde König.

»Suhuperkluhuge Uhus sind immer missmutig«, sagt der superkluge Uhu.

»Was können wir für dich tun?«, fragt der klitzekleine Zauberer den kugelrunden König.

Der kugelrunde Kopf des Königs wird noch ein wenig röter. »Ach, es ist so schrecklich!«, jammert er. »Der riesengroße Drache hat meine einzige Tochter geraubt! Die wunderschöne Prinzessin! Er will sie heiraten!«

»Liebt die wunderschöne Prinzessin den riesengroßen Drachen denn?«, fragt der klitzekleine Zauberer.

»Nein!«, ruft der kugelrunde König. »Der riesengroße Drache ist nicht nur riesengroß, sondern auch unkenhässlich!«

»Riesengroße Drachen sind immer uhunkenhässlich«, sagt der superkluge Uhu.

»Wozu brauchst du mich?«, fragt der klitzekleine Zauberer. »Hast du keine Soldaten, die die wunderschöne Prinzessin befreien können?«

»Ich habe viele kugelrunde Soldaten«, sagt der kugelrunde König. »Aber ihre Lanzen sind nicht spitz, sondern kugelrund. Die machen dem riesengroßen Drachen nichts aus.«

»Da kann nur noch ein Zauberer helfen«, sagt der klitzekleine Zauberer. Er steigt mit seinem klitzekleinen Zauberstab in der Hand auf seinen klitzekleinen Besen. Der superkluge Uhu setzt sich auf die klitzekleine Zaubererschulter und dann – Huiii! – geht's los.

Sie fliegen über sieben Berge, durch sieben Täler, über sieben Wälder und über sieben Seen zur Höhle des riesengroßen Drachen.

Der kugelrunde König und seine Soldaten laufen über sieben Berge, durch sieben Täler, durch sieben Wälder und schwimmen durch sieben Seen hinterher.

»Die Höhle ist aber riesengroß!«, ruft der klitzekleine Zauberer und hat ein bisschen Angst.

»Riesengroße Drachen haben immer riesengroße Höhlen«, sagt der superkluge Uhu.

Dann warten sie auf den kugelrunden König und seine Soldaten. Als sie ankommen, haben alle einen kugelrunden roten Kopf.

»Wie willst du meine wunderschöne Tochter denn aus der riesengroßen Höhle befreien?«, keucht der kugelrunde König. »Willst du den riesengroßen Drachen klitzeklein zaubern?«

Der klitzekleine Zauberer guckt in sein großes Zauberbuch. »Das hatten wir noch nicht in der Zauberschule. Ich kann nur Sachen klitzeklein zaubern. Einen riesengroßen Felsen in einen klitzekleinen Kiesel, eine riesengroße Kuscheldecke in ein klitzekleines Taschentuch und ein riesengroßes Seil in einen klitzekleinen Faden.«

»Und das soll etwas nützen?«, fragt der kugelrunde König. »Dann zaubere dich doch riesengroß!«

Der klitzekleine Zauberer guckt wieder in sein großes Zauberbuch. »Das hatten wir auch noch nicht in der Zauberschule. Ich kann nur Sachen riesengroß zaubern. Einen klitzekleinen Kiesel in einen riesengroßen Felsen, ein klitzekleines Taschentuch in eine riesengroße Kuscheldecke und einen klitzekleinen Faden in ein riesengroßes Seil.«

»Und das soll etwas nützen?«, fragt der kugelrunde König. »So werden wir meine wunderschöne Tochter nie retten können.«

»Dann kämpfe ich eben!«, brüllt der klitzekleine Zauberer und rennt in die riesengroße Höhle des riesengroßen Drachen.

Der kugelrunde König geht mit seinen kugelrunden Soldaten auch in die riesengroße Höhle. Der superkluge Uhu fliegt hinterher.

»Hier ist es aber dunkel«, sagt der kugelrunde König.

»In riesengroßen Höhlen ist es immer duhunkel«, sagt der superkluge Uhu. »Uhund uhunheimlich!«

Der klitzekleine Zauberer, der superkluge Uhu, der kugelrunde König und seine Soldaten suchen den riesengroßen Drachen in seiner Höhle. Es ist sehr dunkel und sehr unheimlich. Der klitzekleine Zauberer kann nicht viel sehen, weil er nur eine klitzekleine Taschenlampe hat. Er hat ein bisschen Angst in der dunklen und unheimlichen Höhle des riesengroßen Drachen.

Aber dann entdecken sie plötzlich die wunderschöne Prinzessin. Sie sitzt auf dem Boden der riesengroßen Höhle und hat wunderschöne Augen und wunderschöne Haare. Sie trägt ein wunderschönes Kleid und wunderschöne Schuhe. Sie ist wunderschön geschminkt und lächelt ganz wunderschön.

»Die Prinzessin ist aber wunderschön«, sagt der klitzekleine Zauberer und ist ein bisschen verliebt.

»Prinzessinnen sind immer wuhunderschön«, sagt der superkluge Uhu.

»Ob ich einen Kuss von ihr bekomme, wenn ich sie rette?«, fragt der klitzekleine Zauberer.

»Gerettete Prinzessinnen küssen immer«, sagt der superkluge Uhu.

»Meine wunderschöne Tochter!«, ruft der kugelrunde König. »Komm mit mir zurück in mein kugelrundes Königsschloss!«

Doch da stampft der riesengroße Drache wütend heran.

»Der Drache ist aber riesengroß!«, ruft der klitzekleine Zauberer und hat noch ein wenig mehr Angst.

»Uhund uhunkenhässlich!«, ruft der superkluge Uhu.

Der riesengroße Drache speit eine riesengroße Flamme aus seinen riesengroßen Nasenlöchern. Die Flamme verschmort den klitzekleinen Zauberhut, den klitzekleinen Umhang, den klitzekleinen Zauberstab, den klitzekleinen Zauberbesen und den klitzekleinen Zauberer ein bisschen.

»Ich bin doch kein Grillwürstchen!«, brüllt der klitzekleine Zauberer und läuft wütend auf den riesengroßen Drachen zu.

»Das ist aber dumm«, sagt der kugelrunde König.

»Verliebte Zauberer sind immer duhumm«, sagt der superkluge Uhu.

Doch der riesengroße Drache ist auch wütend und rennt auf den klitzekleinen Zauberer zu.

Da bekommt der klitzekleine Zauberer eine riesengroße Angst und läuft weg.

Der kugelrunde König und seine kugelrunden Soldaten bekommen auch eine riesengroße Angst und laufen auch weg.

Der klitzekleine Zauberer und die wunderschöne Prinzessin

Der superkluge Uhu fliegt hinterher.

Der riesengroße Drache macht riesengroße Schritte. Er kommt immer näher.

»Was soll ich denn jetzt machen?«, ruft der klitzekleine Zauberer.

»Zaubern!«, ruft der superkluge Uhu.

»Aber ich kann doch nur einen klitzekleinen Kiesel in einen riesengroßen Felsen verzaubern!«, ruft der klitzekleine Zauberer.

»Dann zaubere das eben!«, ruft der superkluge Uhu.

Der klitzekleine Zauberer verzaubert einen klitzekleinen Kieselstein in einen riesengroßen Felsen.

Daran stößt sich der riesengroße Drache den Kopf. Er torkelt ein bisschen und fällt um.

»Und jetzt?«, fragt der klitzekleine Zauberer.

Der superkluge Uhu zieht ein klitzekleines Taschentuch aus dem Rock des kugelrunden Königs. Das legt er dem riesengroßen Drachen auf den Kopf.

»Nun verzaubere das!«, ruft der superkluge Uhu.

Der klitzekleine Zauberer verzaubert das klitzekleine Taschentuch in eine riesengroße Kuscheldecke. Die bedeckt den riesengroßen Drachen.

Dann zupft der superkluge Uhu einen klitzekleinen Faden aus dem Umhang des klitzekleinen Zauberers.

»Nun verzaubere das!«, ruft der superkluge Uhu.

Der klitzekleine Zauberer verzaubert den klitzekleinen Faden in ein riesengroßes Seil.

Damit binden die kugelrunden Soldaten die Beine des riesengroßen Drachen zusammen.

Nun kann ihnen der riesengroße Drache nichts mehr anhaben!

Sie befreien die wunderschöne Prinzessin aus der Höhle des riesengroßen Drachen.

Dann steigt der klitzekleine Zauberer mit seinem klitzekleinen Zauberstab in der Hand auf seinen klitzekleinen Besen. Der superkluge Uhu setzt sich auf die klitzekleine Zaubererschulter und dann – Huiii! – geht's los.

Sie fliegen über sieben Seen, durch sieben Wälder, über sieben Täler und über sieben Berge zum kugelrunden Königsschloss.

Der kugelrunde König und seine Soldaten schwimmen durch sieben Seen, laufen durch sieben Wälder, durch sieben Täler und über sieben Berge hinterher.

Nur die wunderschöne Prinzessin muss nicht laufen. Sie wird von den kugelrunden Soldaten getragen.

Der kugelrunde König feiert in seinem kugelrunden Schloss mit dem klitzekleinen Zauberer, dem superklugen Uhu und all seinen kugelrunden Untertanen ein Fest, weil die wunderschöne Prinzessin gerettet wurde.

Als sich alle kugelrund gegessen haben, sagt der klitzekleine Zauberer zur wunderschönen Prinzessin: »Nun musst du mir einen Kuss geben.«

»Einen Kuss?«, ruft die wunderschöne Prinzessin. »Warum soll ich dich küssen?«

»Weil ich dich gerettet habe«, sagt der klitzekleine Zauberer. »Gerettete Prinzessinnen küssen immer!«

»Dich küsse ich nicht!«, ruft die wunderschöne Prinzessin. »Ich küsse nur meinen Liebsten!«

»Wer ist denn dein Liebster?«, fragt der klitzekleine Zauberer.

»Das ist der riesengroße Drache!«, ruft die wunderschöne Prinzessin. »Der ist groß und stark. Das mag ich!«

Der klitzekleine Zauberer, der superkluge Uhu und der kugelrunde König stehen auf dem höchsten Turm des kugelrunden Schlosses. Sie sehen der wunderschönen Prinzessin nach. Die läuft über sieben Berge, durch sieben Täler, durch sieben Wälder und schwimmt durch sieben Seen zu ihrem Liebsten, dem riesengroßen starken Drachen.

»Nicht alle wuhunderschönen Prinzessinnen wollen gerettet werden«, sagt der superkluge Uhu.

Sigrid Heuck

Der Troll

»Wo kommst du her?«,
fragte der kleine Bär
den Troll.
»Du bist geheimnisvoll,
von knorriger Gestalt
und sicher tausend Jahre alt?«

»Ich bin der Troll vom Berg hinter dem Berge,
weit über den Hütten der kleinen Zwerge
bin ich zu Haus.
Ich komm nicht oft ins Tal hinaus
und bin zehnmal so alt
wie der Hochgebirgswald.«
»Soso«, brummte der kleine Bär,
»du kommst vom Berg hinter dem Berge her,
aber sag –
was tut ein Troll so den ganzen Tag?«
»Am Berg hinter dem Berg gibt's viel zu tun,
man hat keine Zeit sich auszuruh'n.
Ich lehre die Gämsen
am Steilhang zu bremsen.
Wenn es nötig ist, geb ich Lawinenwarnung.
Der Schneehase bittet im Sommer um Tarnung,
und das Schneehuhn braucht jedes Jahr wieder
sein weißes Gefieder.
Ich schenke dem Bergfink Freude am Singen,
damit seine Lieder besonders schön klingen.
Im Winter, wenn es kalt ist und schneit,
halte ich Heu für die Rehe bereit.
Im Frühling muss ich das Murmeltier wecken,
den letzten Schnee von den Felsen lecken.
Und wenn übers Joch wilde Stürme rasen,
wenn sie versuchen ihn umzublasen,
geb ich dem Wetterbaum Kraft und Mut.
Das ist's, was ein Troll so die ganze Zeit tut.«

Jo Pestum

Der ganz besondere Hund

Dem Johannes ist ein großer Hund zugelaufen. Der sieht zottelig aus wie ein junger Eisbär. Er ist ein ganz besonderer Hund. Das muss man wissen.

Selbstverständlich will Johannes seinen ganz besonderen Hund sofort allen Leuten zeigen. Und so laufen sie stolz durch die Stadt: der Johannes und sein ganz besonderer Hund.

»Wer kommt denn da?«, ruft Katharina, die mit Jens und Mia Hüpfekästchen springt. »Was für ein komisches Tier läuft da neben dem Johannes her? Ist das ein Schaf?«

»Das ist mein Hund«, sagt Johannes. »Dass ihr's wisst! Er ist mir zugelaufen und er heißt Heinrich.«

Jens lacht. »Heinrich? Was für ein blöder Name!« Dann zeigt er dem Johannes einen Vogel. »Woher willst du denn wissen, wie der Hund heißt, wenn er dir zugelaufen ist? Ich glaube, du flunkerst.«

»Der Hund hat es mir gesagt«, antwortet Johannes, »und ich flunkere nicht. Mein Hund kann nämlich sprechen, weil er ja ein ganz besonderer Hund ist.«

Katharina kreischt laut. »Der spinnt, der Johannes!«

Und Mia ruft: »Als ob ein Hund sprechen könnte! Hat jemand schon mal so einen Quatsch gehört?«

Johannes und sein ganz besonderer Hund laufen die Straße hinunter zum Bach, wo die Weißdornbüsche blühen. Johannes ist ziemlich sauer auf Jens und Mia und Katharina. Warum haben die nur so doof gelacht?

Da kommen Simon und Moritz durch das hohe Gras geschlichen. Sie sind Indianer, haben sich bunte Federn ins Haar gesteckt und heißen heute Gewaltiger Büffel und Rauschender Adler.

Als sie den Johannes und seinen großen Hund sehen, springen sie aus ihrem Versteck und schwingen ihre Indianerbeile.

Rauschender Adler schreit wild: »Ein Bleichgesicht mit seinem Pferd! Die umzingeln wir und nehmen sie gefangen. Dann binden wir sie an den Marterpfahl.«

»Du Hirni«, sagt Johannes, »das ist doch kein Pferd. Mein Hund Heinrich ist das. Er ist mir zugelaufen und kann sprechen, weil er ein ganz besonderer Hund ist.«

Gewaltiger Büffel prustet los. »Das Bleichgesicht ist wirr im Kopf! Es redet irre wie alle Bleichgesichter. Ein Hund, der sprechen kann? Beim großen Manitu, das ist alberner Käse. So etwas gibt es gar nicht.«

Rauschender Adler brüllt: »Das Bleichgesicht Johannes ist ein Lügner! Es spricht mit gespaltener Zunge. Hau bloß ab, du feiger Kojote, und nimm deinen popeligen Hund mit! Oder wollt ihr zwei etwa die Opfer meiner Rache werden?«

Johannes ist jetzt nicht nur *ziemlich* sauer, sondern *richtig*. Warum hört ihm denn keiner zu, wenn er die sensationelle Neuigkeit von dem ganz besonderen Hund erzählt?

Auf der Brücke vom Berkelbach steht Herr Niederprüm mit seinem grünen Seppelhut auf dem Kopf und wirft Brotstückchen ins Wasser, obwohl es in diesem Bach überhaupt keine Fische mehr gibt. Das Wasser ist nämlich von der Giftbrühe aus dem Chemiewerk vergiftet.

»Woher hast du denn diesen ömmeligen Bettvorleger?«, fragt Herr Niederprüm spöttisch.

»Das ist kein ömmeliger Bettvorleger, Sie ömmeliger Herr Niederprüm!«, schreit Johannes zornig. Jetzt ist er noch viel, viel saurer. »Das ist ein ganz besonderer Hund. Er heißt Heinrich und kann sprechen.«

Da meckert Herr Niederprüm wie ein Ziegenbock: »So, so, sprechen kann er also, dein ömmeliger Bettvorleger! Kann er sonst noch was Besonderes? Kann er vielleicht auch Motorrad fahren oder um die Ecke gucken oder mit dem Fallschirm bis zum Mond fliegen?«

»Nein!«, faucht Johannes. »Aber er kann Ihnen in Ihren ömmeligen Popo beißen oder Ihren hässlichen Seppelhut auffressen. Er könnte Sie auch packen und ins Wasser schmeißen.« Und zu seinem ganz besonderen Hund sagt Johannes: »Komm, Heinrich, wir gehen. Mit so dummköpfigen Leuten reden wir gar nicht.«

Dann sitzen Johannes und sein ganz besonderer Hund Heinrich am Bachufer und lassen sich von der Sonne bescheinen. Sie futtern Schokoladenkekse und sprechen miteinander über doofe Leute und über dicke Knackwürste und über Hunde, die reden können.

Quellenverzeichnis

Sofern nicht anders vermerkt, liegen die Rechte der in diesem Band abgedruckten Geschichten bei K. Thienemanns Verlag, Stuttgart – Wien.

Ahrens-Kramer, Renate: »Das Bild mit der Kuh«.
© by Renate Ahrens-Kramer.

Beyerlein, Gabriele: »Kathrin geht verloren«.
© by Gabriele Beyerlein.

Brinx, Thomas und Anja Kömmerling: »Gute Nacht, Großer«.
© by Thomas Brinx und Anja Kömmerling.

Dies.: »Lilli in der Wanne«. © by Thomas Brinx und Anja Kömmerling.

Bröger, Achim: »Kleiner-Bär läuft um die Wette«.
Aus: Kleiner-Bär. 1998. S. 18-31 (unter dem Titel: »Kleiner-Bär will verreisen«).

Fiedler, Christamaria: »Die Geschichte vom kleinen Ausreden-Shop«. © by Christamaria Fiedler.

Friedrich, Joachim: »Der klitzekleine Zauberer und die wunderschöne Prinzessin«. © by Joachim Friedrich.

Fuchs, Thomas: »Tilman, Kia und der Wunschstein«.
© by Thomas Fuchs.

Glitz, Angelika: »Heinz Hase sucht einen Schatz«.
© by Angelika Glitz.

Dies.: »Keine Zeit für Paula«. © by Angelika Glitz.

Heuck, Sigrid: »Die Prinzessin vom gläsernen Turm«.
Aus: Die Prinzessin vom gläsernen Turm. 1997. S. 23-32.

Dies.: »Der Troll«. Aus: Die Prinzessin vom gläsernen Turm. 1997. S.130-131.

Dies.: »Pony, Bär und der große Frieden«. © by Sigrid Heuck.

Isau, Ralf: »Der Junge, der das Nordlicht stahl«.
© by Ralf Isau.

Jansen, Hanna: »Ein Bär so schwarz wie die Nacht«.
© by Hanna Jansen.

Dies.: »Freund gesucht«. © by Hanna Jansen.

Kautz, Gisela: »Der erste Reiter«. © by Gisela Kautz.

Kruse, Max: »Eine musikalische Nacht«. © by Max Kruse.

Ders.: Urmel in der See. 2001.

Kuckero, Ulrike: »Der blaue Reiter«. © by Ulrike Kuckero.

Dies.: »Vom Huhn, das verreisen wollte«. © by Ulrike Kuckero.

Kulot, Daniela: Tausche kleine Schwester gegen … 2001.

Lindner, Irmgard: »Die Elfe und der Wollomolch«.
© by Irmgard Lindner.

Milan: »Die Kreuzflöte und die Querflöte«. © by Milan.

Ders.: »Die verrückte Eisenbahn«. © by Milan.

Ders.: »Ein Dorf mit Namen Orf«. © by Milan.

Minte-König, Bianka: »Hallo, Hix7!«.
© by Bianka Minte-König.

Pawel, Henning: »Frau Holle und die Klöße«.
© by Henning Pawel.

Pestum, Jo: »Der ganz besondere Hund«. © by Jo Pestum.

Ders.: Die Abenteuer-Kater. 2001.

Preußler, Otfried: »Frische Eier«. Aus: Bei uns in Schilda. 1958. S. 69-72.

Probst, Petra: Piccolino und die Angsthasen. 2001.

Schlüter, Manfred: »Eine lange Geschichte«.
© by Manfred Schlüter.

Schreiber-Wicke, Edith: »Anton und die B-Sprache«.
© by Edith Schreiber-Wicke.

Dies.: »Das Geburtstagsgeschenk«.
© by Edith Schreiber-Wicke.

Dies.: Der Neinrich. 2002.

Dies.: »Hörst du, was die Wörter sagen?«.
© by Edith Schreiber-Wicke.

Schultheis, Ulrike: »Maximilian, das Gespensterkind«.
© by Ulrike Schultheis.

Ullrich, Hortense: »Wie Allyssa einen Hund bekam«.
© by Hortense Ullrich.

Dies.: »Wie der Hund Lucky lesen lernte«.
© by Hortense Ullrich.

Dies.: »Wie Leandra fast einen dreibeinigen Hamster bekam«. © by Hortense Ullrich.

Witte, Manfred: »Frau Beermanns Blumen«. © by Manfred Witte.

Wölfel, Ursula: Das blaue Wagilö. © by Ursula Wölfel.

Dies.: »Drei winzige Geschichten«. © by Ursula Wölfel.

Zimmermann, Irene: »Micha hat sich gekracht«. © by Irene Zimmermann.

Zöller, Elisabeth: »Die Geschichte von der Pfütze«. © by Elisabeth Zöller.

Dies.: »Die Geschichte von der Wolke«. © by Elisabeth Zöller.

Schiefelbein, Nina (Hrsg.):
Das neue große Vorlesebuch
ISBN 3 522 17501 8

Einband- und Innenillustrationen: Daniela Kulot
Einbandtypografie: Michael Kimmerle
Texttypografie: Marlis Killermann
Schrift: Bodoni Old Face und Spumoni
Satz: KCS GmbH in Buchholz/Hamburg
Reproduktion: Medienfabrik in Möglingen
Druck und Bindung: Friedrich Pustet in Regensburg

6 5 4 3 2* 05 06 07 08

www.thienemann.de